AUSBILDUNG ENTSCHIEDENER LEITER

Ein Handbuch zur Ausbildung
von Leitern in Kleingruppen und
Hausgemeinden zur Anleitung von
Gemeindegründungs-Bewegungen

Ausbildung entschiedener Leiter

Ein Handbuch zur Ausbildung von Leitern in Kleingruppen und Hausgemeinden zur Anleitung von Gemeindegründungs-Bewegungen

Von Daniel B. Lancaster, phd

Herausgegeben von: T4T Press

Erstausgabe: 2013

Alle Rechte vorbehalten. Bis auf die Zitierung kurzer Aussagen in Rezensionen darf ohne die schriftliche Erlaubnis des Autors kein Abschnitt dieses Buches in welcher Form auch immer reproduziert oder übertragen werden, weder durch elektronische noch durch mechanische Hilfsmittel, einschließlich Fotokopien, Tonaufzeichnungen oder Informationsspeicher- oder –erfassungssystemen.

Copyright 2013 durch Daniel B. Lancaster

ISBN 978-1-938920-54-7 Printausgabe

Alle Bibelzitate für die deutsche Übersetzung, sind www.bibleserver.com entnommen, Luther-Übersetzung 1984, © 2012 ERF Online & Deutsche Bibelgesellschaft, Stiftung Christliche Medien, Brunnen-Verlag, Genfer Bibelgesellschaft, Katholisches Bibelwerk, Crossway, Biblica, ERF Medien Schweiz, TWR

Inhalt

Vorwort 7
Danksagungen 9
Einleitung 11

Teil 1- Das A Und O

Jesu Strategie 17
Ausbildung von Leitern 20
Trainingsrichtlinien 25

Teil 2- Leiterschafts-Ausbildung

Willkommen 31
Ausbilden wie Jesus 45
Anleiten wie Jesus 58
Stärke gewinnen 73
Zusammen stärker 88
Das Evangelium mitteilen 101
Jünger ausbilden 118
Gruppen initiieren 135
Vervielfachung von Gruppen 153
Jesus nachfolgen 171

Teil 3 - Unterrichts-Material

Weitere Lektüre 185
Anhang A – häufig gestellte Fragen 187
Anhang B – Trainings-Checklisten 200
Anhang C – Anmerkungen für Übersetzer 203
Anhang D – Mein Jesus plan 205

In memoriam Tom

Vorwort

Es ist eine stetige Herausforderung, den Gemeindedienst effektiver zu gestalten. Alle, die Jesus dienen, wissen, dass es kaum etwas schwierigeres gibt, als zu gewährleisten, dass für die Zurüstung von Gläubigen effektive Methoden angewendet werden. Eine der effektivsten Trainingsmethoden ist bis heute die Folge Jesus Trainingsreihe. Das erste Buch der Serie, Ausbildung entschiedener Nachfolger, bietet leicht nachvollziehbare Lektionen, um aus neuen Gläubigen Nachfolger zu machen, die Christus widerspiegeln. Dieses zweite Buch geht noch einen Schritt weiter und bietet Lektionen, um christusähnliche Nachfolger zu Leitern zu machen, die ihre Gruppen vervielfachen. Ausbildung entschiedener Leiter von Dan Lancaster ist ein erprobter und getesteter Trainingsplan. Er ist praktisch und deutlich in seinen Ausführungen – und er bietet Rollenspiele, Bilder und praktische Erfahrungen für die Teilnehmer.

Ausbildung entschiedener Leiter ist zweifelsohne eine der effektivsten Methoden einer gründlichen Ausbildung von Gläubigen für ihren Dienst. Dieses Trainingshandbuch ist nicht nur effektiv, sondern beschleunigt die Entwicklung der Leiter. Die Lektionen greifen die Bedürfnisse der Leiter auf, geben eine Vision dessen, wie ein göttlicher Leiter sein sollte und zeigt Schritte, die bei der Gründung neuer Gemeinden umgesetzt werden können. Dieses Buch ist vorausschauend und hilft den angehenden Leitern, neue Leiter auszubilden. Ausbildung entschiedener Leiter hilf den Leitern, sich selbst und alle, mit denen sie arbeiten, neu zu verstehen anhand von acht persönlichkeitsbezogenen Bildern.

Die *Folge Jesus Trainingsreihe* im Ganzen rüstet neue Gläubige mit einem Gesamtpaket aus. Dieses zweite Buch der Serie setzt die hilfreiche und praktische Methode fort, die mit dem ersten Buch begonnen hat. Dem Dienst für den König aller Könige gebührt nur die allerbeste Methode. Dies ist ein Plan zur Ausbildung von Leitern, der diese Anforderungen erfüllt.

Roy J. Fish

Danksagungen

Jedes Trainings-Handbuch ist eine Zusammenstellung von Lektionen, die man im Leben gelernt hat. Die *Folge Jesus Trainingsreihe* bildet keine Ausnahme. Ich bin vielen Menschen zu Dank verpflichtet, die mich ausgebildet haben, so dass ich wiederum andere ausbilden konnte.

Zahlreiche Freunde in Südostasien haben eng mit mir zusammengearbeitet, um dieses Trainingsmaterial für Leiter zu entwickeln. Danke Gilbert David, Jeri Whitfield, Craig Garrison, Steve Smith, Neill Mims und Woody & Lynn Thingpen für eure Erkenntnisse, Unterstützung und Hilfe. Wir sind diesen Weg viele Jahre gemeinsam gegangen.

Zahlreiche geistliche Leiter haben mein Leben auf bedeutsame Weise beeinflusst, und ich möchte ihnen dafür danken. Dr. Ricky Paris brachte mir bei, Gott von ganzem Herzen zu suchen. Gaylon Lane, L.D. Baxley und Tom Popelka lebten während einer harten Phase meines Glaubenslebens bedingungslose Liebe und geistliche Leitung vor. Dr. Elvin mccann schürte das Missionsfeuer, welches Gott in mich hineingelegt hat. Pfarrer Nick Olson zeigte mir, wie ich ein Stratege und Mann mit Integrität werden konnte. Dr. Ben Smith brachte mich zu Jesus und ist seitdem ein Vertrauter für mich geblieben. Dr. Roy Fish gab mir schon früh in meinem Dienst eine Vision zur Vervielfachung von Jüngern. Pfarrer Ron Capps lehrte mich „Der größte Leiter ist der größte Diener." Danke euch allen, dass ihr mich als Leiter ausgebildet habt, damit ich andere ausbilden konnte.

Tom Wells leitete den Lobpreis bei Highland Fellowship, der zweiten Gemeinde, die wir gegründet haben. Tom war ein begabter Musiker und guter Freund, und wir haben oft bei einem Kaffee über die acht Bilder Christi diskutiert. Er half mir dabei, die einfache Methode zur Feststellung der Persönlichkeit zu entwickeln, die in *Ausbildung entschiedener Leiter* verwendet wird. Wir haben die Gemeinde strukturiert und Dienstbereich auf der Basis der acht Bilder Christi geplant. Außerdem boten wir den Gemeinden vor Ort Beratungsdienste zum Thema „gesunde Gemeinde" an. Obwohl Du nun beim Herrn bist, Tom, darfst Du wissen, dass Deine Arbeit weitergeht, wir denken an Dich und vermissen Dich sehr.

Besonderer Dank gilt auch David und Jill Shanks, welche dieses Projekt bereichert haben. Ihre Großzügigkeit ermöglichte es unzähligen Gläubigen in Asien, stärker in der Nachfolge, Leitung und Gemeindegründung zu wachsen. Die Reihe der Danksagenden im Himmel wird lange sein.

Schließlich ist dieses Buch auch ein Geschenk meiner Familie an Sie. Holli, meine Frau und meine Kinder Jeff, Zach, Karis und Zane, alle brachten Opfer und gaben Unterstützung bei den Bemühungen, leidenschaftliche, geistliche Leiter hervorzubringen und den Nationen Heilung zu bringen.

Daniel B. Lancaster, Ph.D.
Südostasien

Einleitung

Gott schenkte unserer Familie das Privileg, zwei Gemeinden in Amerika zu gründen. Die erste Gemeinde befand sich in Hamilton, Texas, der ländlichen Kreisstadt in einer der ärmsten Bezirke von Texas. Die Erinnerungen daran, wie Gott dafür sorgte, dass eine starke Gruppe Gläubiger ein Gemeindege-bäude mit 200 Sitzplätzen mitten in wirtschaftlich schwierigen Zeiten schuldenfrei errichten konnte, wärmt noch heute die Herzen. Gott veränderte das Leben von uns allen, als er sich an Hamilton erinnert.

Wir begannen unsere zweite Gemeindegründung in Lewisville, Texas. Ich hatte meine Zeit auf der Highschool in Lewisville verbracht, einer fortschrittlichen Vorstadt in der Nähe von Dallas und Fort Worth. Meine Heimatgemeinde, Lakeland Baptist, unterstützte die Gemeindegründung und förderte uns auf großzügige Weise finanziell, emotional und geistlich. Wir waren die 18. Gemeinde in dieser Gegend, bei deren Gründung sie halfen. Aufgrund unserer vorherigen Erfahrung als Gemeindegründer bat uns der Pastor, die Gemeinde ohne eine Kerngruppe zu beginnen und uns nur auf Einladungen von Tür zu Tür zu verlassen.

Nach zwei Monaten des Gemeindegründungsprozesses entwickelten sich bei mir enorme Schmerzen im ganzen Körper und ich litt unter extremer Erschöpfung. Am Tag der Geburt unseres vierten Kindes diagnostizierten die Ärzte meine Beschwerden als Lupus. Bei späteren Tests änderte sich die Diagnose in Morbus Bechterew – eine Arthritiserkrankung, welche die Wirbelsäule, den Brustkorb und die Hüftgelenk steif werden lässt. Hochdosierte Schmerzmittel brachten etwas

Linderung, machten mich aber auch schläfrig. Ich konnte jeden Tag nur zwei Stunden arbeiten und den Rest des Tages mit ausruhen und beten verbringen.

Diese Phase meines Dienstes war eine „Umnachtung der Seele." Alles wurde begrenzt durch die Erschöpfung und den Schmerz. Obwohl ich sehr krank war, spürten wir immer noch den Ruf Gottes, die Gemeinde zu gründen. Wir baten ihn, uns davon loszusprechen, aber er antwortete, indem er uns daran erinnerte, dass seine Gnade genügt. Wir fühlten uns, als ob Gott uns verlassen hatte, aber seine Gnade wich nicht von uns. Wir stellen unsere Berufung in Frage, aber er zog uns immer weiter zu sich und gab uns Hoffnung. Wir fragten uns, ob Gott uns für eine unbewusste Sünde strafte, aber erfüllte uns mit Glauben, dass er verlorene Menschen erretten und zu seiner Familie zurückführen würde. Unser Traum, eines Tages ins Missions-feld zu gehen, schwand langsam dahin und verschwand schließlich ganz.

Wir würden Sie Ihre Zeit investieren, wenn Sie bei einer neuen Gemeindegründung nur zwei Stunden pro Tag arbeiten könnten? Gott führte uns dazu, uns auf die Ausbildung von Leitern zu konzentrieren. Ich lernte, eine Stunde mit einer Person beim Mittagessen zu verbringen und einen Strategieplan für den Folgemonat mitzugeben, der oft auf eine Serviette geschrieben war! Ein Vervielfachungsethos, andere auszubilden, die wiederum andere ausbilden, entwickelte sich. Wir halfen Menschen dabei, herauszufinden, wie Gott sie „gestrickt" hat und wie sie Christus auf praktische Art folgen konnten. Viele Erwachsene und Kinder kamen trotz der körperlichen Beschwerden, mit denen wir konfrontiert waren, zum Reich Gottes.

Drei Jahre nach Ausbruch meiner Krankheit begannen wir mit einem neuen Medikament, das unsere Nacht in Tag verwandelte. Der Schmerz und die Erschöpfung wurden erträglich. Anstatt zum alten Rollenmodell zurückzukehren, in dem der Pastor alles übernimmt, blieben wir dabei, Leiter auszubilden. Vier Jahre nach Gründung der Gemeinde, ging ich auf eine Visionsreise nach Südostasien zusammen mit einem Freund. Als ich in einem fremden Land das Flugzeug verließ, sprach Gott zu meinem Herzen und sagte: „Du bist zu Hause." Ich rief meine Frau in dieser Nacht noch an und sie bestätigte, dass Gott uns beiden dieselbe Berufung zugesprochen hatte. Ein Jahr später verkauften wir alles, was wir hatten, nahmen unsere vierköpfige Familie und zogen um nach Südostasien.

Wir arbeiteten in einem abgeschotteten Land und begannen, Jünger auszubilden. Wir baten Gott darum, uns drei Männer und drei Frauen zu geben, in die wir unser Leben investieren und zeigen konnten, wie man dem Beispiel von Jesus folgt, indem man auf Petrus, Jakobus und Johannes schaut. Gott beantwortete unsere Gebete und schickte uns Menschen, die wir unterstützen und ausbilden konnten, so wie Barnabas Paulus ausbildete. Während wir immer mehr Menschen ausbildeten, Jesus nachzufolgen, starteten sie viele neue Gruppen, von denen manche zu Gemeinden wurden. Während sie anwuchsen, kämpften viele Gruppen und Gemeinden mit dem Bedarf an noch mehr und besseren Leitern. Das Land, in dem wir dienten, litt außerdem unter einem Mangel an Leitern und spärlichen Ausbildungsmöglichkeiten für Leiter. Wir fingen damit an, lang und breit zu betrachten, wie Jesus die Jünger zu Leitern ausbildete. Wir brachten diese Lektionen unseren einheimischen Freunden bei und machten eine interessante Entdeckung; die Ausbildung von Jüngern und Ausbildung von Leitern sind zwei Seiten derselben Münze. „Ausbildung von Jüngern" beschreibt den Anfang des Weges und „Ausbildung von Leitern" den weiteren Verlauf. Wir entdeckten auch, je mehr wir Jesus widerspiegelten, desto nachvollziehbarer wurde unser Training.

Die nachvollziehbaren Lektionen, die wir den Leitern beibrachten, prägen dieses Trainingshandbuch. Jesus ist der größte Leiter aller Zeiten und lebt in seinen Nachfolgern. Wenn wir ihm nachfolgen, werden wir zu besseren Leitern. Möge Gott Sie als Leiter segnen und die Menschen, welche Sie durch dieses Trainingshandbuch beeinflussen. Viele Leiter haben erfolgreich Generationen von Leitern mit diesem Skript ausgebildet, und wir beten für Gottes Segen in ihrem Leben, wenn Sie dasselbe tun.

Teil 1

DAS
A
UND O

Jesu Strategie

Jesu Strategie zur Erreichung der Nationen beinhaltet fünf Taktiken: Stark in Gott verwurzelt sein, das Evangelium mitteilen, Jünger ausbilden, Gruppen initiieren, die zu Gemeinden werden und Leiter ausbilden. Während jede Taktik für sich allein steht, so machen sie doch gemeinsam einen synergetischen Prozess aus. Das Lehrmaterial des *Folge Jesus Trainings* befähigt Ausbilder, Gemeindegründungsbewegungen in ihrer Volksgruppe auszulösen, indem sie einfach Jesus folgen.

Das Folge Jesus Training beginnt mit der Ausbildung entschiedener Nachfolger und den ersten vier Taktiken in Jesu Strategie. Die Nachfolger lernen, wie man betet, Jesu Gebote befolgt und sich in der Vollmacht des Heiligen Geistes bewegt (stark in Gott verwurzelt ist). Dann entdecken die Nachfolger, wie sie sich Gott anschließen, wo er wirkt und ihr Zeugnis mitteilen – eine mächtige Waffe im geistlichen Kampf. Danach lernen sie, wie man das Evangelium mitteilt und Menschen einlädt, zurück in Gottes Familie zu kommen (das Evangelium mitteilen). Der Abschluss des Kurses rüstet die Leiter mit dem Rüstzeug aus, eine Kleingruppe zu initiieren, eine Vision zur Vervielfachung zu geben und einen Plan zur Erreichung ihrer Gemeinde zu erstellen (Gruppen initiieren).

Die heranreifenden Leiter brachten zwei tief empfundene Bedürfnisse zur Sprache, während wir sie ausgebildet haben. Die angehenden Leiter fragten sich, wie sie zu geistlichen Leitern heranwachsen und welche Schritte nötig sind, bei der Umwandlung einer Gruppe zur Gemeinde. Da die Taktiken in Jesu Strategie nicht fortlaufend sind, baten einige Nachfolger um einen Leiterschaftskurs und dann eine Ausbildung in Gemeindegründung. Andere Nachfolger drehten diese Reihenfolge um. Demzufolge fingen wir an, den Nachfolgern, die Ausbildung entschiedener Nachfolger einsetzten mit großer Treue andere ausbildeten, zwei zusätzliche Ausbildungsseminare anzubieten.

Aufbau entschiedener Gemeinden hilft bestehenden Gemeinden beim Aufbau neuer Gruppen und Gemeinden – die vierte Taktik in Jesu Strategie. Nur wenige Leiter haben eine Gemeinde initiiert und ein häufiger Fehler besteht darin, die Struktur ihrer bisherigen Gemeinde bei der Gründung einer neuen Gemeinde zu kopieren. Dieser Ansatz ist beinahe eine Garantie für spärliche Ergebnisse. Aufbau entschiedener Gemeinden vermeidet diesen Fehler, indem Nachfolger ausgebildet werden, wie sie den acht Geboten Christi folgen, die auch die Urgemeinde in Apostelgeschichte 2 befolgte. Die Gruppe bearbeitet praktische Anwendungen zu jedem Gebot und entwickelt zusammen einen Gemeindebund. Wenn die Gruppe Gottes Führung verspürt, endet das Seminar mit einer feierlichen Zeremonie und Einweihung als neue Gemeinde.

Ausbildung entschiedener Leiter hilft den Leitern, andere darin auszubilden, leidenschaftliche, geistliche Leiter zu werden – die fünfte Taktik in Jesu Strategie. Eine Schlüsselkomponente in Gemeindegründungsbewe-gungen ist die Ausbildung von Leitern. Das Seminar zeigt den Leitern den Prozess, den Jesus einsetzte, um Leiter auszubilden, sowie die sieben Leiterqualitäten von Jesus, dem größten Leiter aller Zeiten. Leiter entdecken ihren Persönlichkeitstyp und Wege, um unterschiedlichen Persönlichkeitstypen zu helfen, zusammenzuarbeiten. Schließlich entwickeln die Leiter einen „Jesus-Plan" auf der Basis von zwölf Dienstprinzipien, die Jesus den Jüngern in Lukas 10 mit auf den Weg gab. Das Seminar schließt damit ab, dass die Leiter ihren „Jesus-Plan" mitteilen und miteinander beten. Die Leiter verschreiben sich dem gegenseitigen Training und der Ausbildung neuer Leiter.

Sowohl Aufbau entschiedener Gemeinden als auch Ausbildung entschiedener Leiter schult die Nachfolger darin, wie sie Jesu Dienst und Methode nachahmen. Die Trainer geben den Leitern nachvollziehbare Werkzeuge an die Hand, mit denen sie umgehen und die sie an andere weitergeben können. Das Folge Jesus Training ist kein Lernkurs, sondern ein Lebensstil. Über 2000 Jahre lang hat Gott unzählige Leben gesegnet und verändert durch die Einfachheit der Nachfolge seines Sohnes. Gläubige sind dem Beispiel Jesu gefolgt und haben erlebt, wie ganze Kulturen sich verändert haben. Möge Gott dasselbe in Ihrem Leben und in der Volksgruppe tun, die Sie ausbilden, Jesus nachzufolgen.

Ausbildung von Leitern

Ausbildung entschiedener Leiter baut auf dem ersten Kurs, Ausbildung entschiedener Nachfolger, auf und hilft denen, die bereits Jüngersc-haftsgruppen initiiert haben, sich als Leiter zu entwickeln und noch mehr Gruppen zu vervielfachen.

Trainingsergebnisse

Nach Beendigung dieses Trainingsseminars können die Teilnehmer:

- Anderen Leitern zehn Kernlektionen zu Leiterschaft beib-ringen.
- Andere Leiter ausbilden auf der Basis eines nachvollziehbaren Prozesses, den Jesus vorgelebt hat.
- Unterschiedliche Persönlichkeitstypen erkennen und den Menschen helfen, als Team zusammenzuarbeiten.
- Einen strategischen Plan entwickeln zur Integration der geistlich Verlorenen in ihrer Gemeinde und neue Gruppen vervielfachen.
- Verstehen, wie eine Gemeindegründungsbewegung funk-tioniert.

TRAININGSPROZESS

Jede Einheit im Leiterschaftstraining folgt demselben Format auf der Basis dessen, wie Jesus die Jünger zu Leitern ausgebildet hat. Ein allgemeiner Lektionsleitfaden mit Vorschlägen zum zeitlichen Rahmen folgt noch.

LOBPREIS

- Singen Sie zwei Lobpreislieder zusammen (oder mehr, wenn die Zeit es erlaubt).

(10 Minuten)

WEITERER VERLAUF

- Ein Leiter berichtet über den Fortschritt in seinem Dienst seit dem letzten Treffen der Leiter. Die Gruppe betet für den Leiter und seinen oder ihren Dienst.

(10 Minuten)

PROBLEM

- Der Trainer stellt ein häufiges Problem der Leiterschaft vor und erläutert es mit einer Geschichte oder persönlichen Illustration.

(5 Minuten)

PLAN

- Der Trainer bringt den Leitern eine einfache Leiterschafts-Lektion bei, die Erkenntnisse und Fähigkeiten schult, wie das Leiterschaftsproblem gelöst werden kann.

(20 Minuten)

ÜBUNG

- Die Leiter teilen sich in Vierergruppen auf und üben die Trainingsmethode für Leiter, indem sie die Lektion besprechen, die sie gerade gelernt haben, einschließlich:

    o Den erreichten Fortschritt in diesem Bereich der Leitung.
    o Aufkommende Probleme in diesem Bereich der Leitung.
    o Verbesserungspläne für die nächsten 30 Tage auf der Basis der Leiterschaftslektion.
    o Eine Fähigkeit, die sie in den nächsten 30 Tagen auf Basis der Leiterschaftslektion üben wollen.

- Die Leiter stehen auf und wiederholen den Merkvers zehnmal zusammen, sechsmal indem sie ihn aus der Bibel lesen und viermal auswendig.

(30 Minuten)

GEBET

- Die Teilnehmer der Vierergruppen teilen sich gegenseitig ihre Gebetsanliegen mit und beten füreinander.

(10 Minuten)

ABSCHLUSS

- Die meisten Einheiten enden mit einer Lernaufgabe, die den Leitern hilft, die Lektion in ihrem eigenen Umfeld anzuwenden.

(15 Minuten)

ZEITLICHER RAHMEN DER AUSBILDUNG

Verwenden Sie dieses Handbuch, um ein dreitägiges Seminar oder ein 10-wöchiges Trainingsprogramm durchzuführen. Jede Einheit in beiden Zeitplänen dauert etwa eineinhalb Stunden und verwendet den **Ausbildungsprozess für Trainer auf Seite 18-20.**

Das Leiterschafts-Training findet normalerweise einmal pro Monat statt oder in einem dreitägigen Seminar. Nur Leiter, die auch gerade eine Gruppe anleiten, sollten daran teilnehmen.

Dreitägiger Zeitplan

	Tag 1	Tag 2	Tag 3
8:30	Willkommen	Gemeinsam stärker	Gruppen initiieren
10:00	*Pause*	*Pause*	*Pause*
10:30	Ausbilden wir Jesus	Schauspielwettbewerb	Vervielfachung von Gruppen
12:00	*Mittagessen*	*Mittagessen*	*Mittagessen*
1:00	Anleiten wie Jesus	Das Evangelium mitteilen	Jesus nachfolgen
2:30	*Pause*	*Pause*	
3:00	Stärke gewinnen	Jünger ausbilden	
5:00	*Abendessen*	*Abendessen*	

Weekly Schedule

Woche 1	Willkommen	Woche 6	Das Evangelium mitteilen
Woche 2	Ausbilden wie Jesus	Woche 7	Jünger ausbilden
Woche 3	Anleiten wie Jesus	Woche 8	Gruppen initiieren
Woche 4	Stärke gewinnen	Woche 9	Vervielfachung von Gruppen
Woche 5	Gemeinsam stärker	Woche 10	Jesus nachfolgen

Trainingsrichtlinien

Anderen zu helfen, sich zu Leitern zu entwickeln, ist eine aufregende und anspruchsvolle Aufgabe. Entgegen der allgemeinen Auffassung werden Leiter erschaffen und nicht geboren. Damit mehr Leiter sich entwickeln können, muss die Ausbildung dazu international und systematisch ausgerichtet sein. Einige Menschen glauben fälschlicherweise, dass Leiter aufgrund ihrer Persönlichkeit zu Leitern werden. Eine schnelle Betrachtung von erfolgreichen Pastoren riesiger Gemeinden in Amerika zeigt jedoch Pastoren vieler unterschiedlicher Persönlichkeiten. Wenn wir Jesus nachfolgen, folgen wir dem größten Leiter aller Zeiten und entwickeln uns selbst zu Leitern.

Angehende Leiter brauchen einen ausgewogenen Ansatz für die Leitungsausbildung. Ein ausgewogener Ansatz beinhaltet, an Wissen, Charakter, Fähigkeiten und Motivation zu arbeiten. Ein Mensch braucht alle vier Komponenten, um ein effektiver Leiter zu sein. Ohne Wissen werden falsche Annahmen und Missverständnisse den Leiter in die Irre führen. Ohne Charakter wird ein Leiter moralische und geistliche Fehler begehen, welche die Mission behindern. Ohne die nötigen Fähigkeiten, wird er Leiter beständig das Rad neu erfinden oder veraltete Methoden einsetzen. Letztendlich wird ein Leiter mit Wissen, Charakter und Fähigkeiten, aber ohne Motivation sich nur um den Status Quo kümmern und versuchen, seine oder ihre Position zu behalten.

Leiter müssen die nötigen Schlüsselfähigkeiten erlernen, um die Aufgabe erfüllen zu können. Nach intensiven Gebetszeiten braucht jeder Leiter eine verbindliche Vision. Die Vision beantwortet Frage: „Was muss als nächstes passieren?" Leiter müssen den Zweck ihres Handelns kennen. Der Zweck beantwortet die Frage: „Warum ist dies wichtig?" Die Antworten auf diese Frage zu kennen, hat viele Leiter durch schwierige Zeiten hindurchgeführt. Als nächstes müssen die Leiter ihre Mission kennen. Gott bringt Menschen in der Gemeinde zusammen, um seinen Willen auszuführen. Die Mission beantwortet die Frage: „Wer muss mit einbezogen werden?" Zu guter Letzt haben Leiter klare, präzise Ziele, denen sie folgen können. Normalerweise wird ein Leiter die Vision, den Zweck und die Mission an vier bis fünf Zielen festmachen. Die Ziele beantworten die Frage: „Wie werden wir das erreichen?"

Wir haben erkannt, wie schwierig es ist, angehende Leiter au seiner Gruppe herauszupicken. Gott wird Sie immer damit überraschen, wen er sich auserwählt! Der produktivste Ansatz ist, jede Person so zu behandeln, als ob er oder sie bereits ein Leiter wäre. Eine Person mag vielleicht nur sich selbst leiten, aber auch das ist schon Leitung. Die Menschen werden zu besseren Leitern direkt proportional zu unseren Erwartungen (Glauben). Wenn wir die Menschen wie Nachfolger behandeln, werden sie zu Nachfolgern. Wenn wir sie wie Leiter behandeln, werden sie zu Leitern. Jesus wählte Menschen aus allen Gesellschaftsschichten aus, um zu zeigen, dass gute Leiterschaft davon abhängig ist, ihm zu folgen und nicht den äußeren Zeichen, nach denen die Menschen oft suchen. Warum haben wir einen Mangel an Leitern? Weil die bisherigen Leiter anderen nicht die Möglichkeit geben, zu leiten.

Wenige Faktoren stoppen eine Bewegung Gottes schneller als ein Mangel an göttlicher Leiterschaft. Traurigerweise haben wir an den meisten Orten, wo wir Menschen ausgebildet haben (einschließlich Amerika) ein Vakuum an Leitern festgestellt. Göttlicher Leiter sind ein Schlüssel zu Schalom – Frieden, Segen und Rechtschaffenheit – in einer Gemeinde. Ein berühmtes Zitat von Albert Einstein kann folgendermaßen umschrieben werden: „Wir können unsere aktuellen Probleme nicht mit unserem aktuellen Grad an Leiterschaft lösen." Gott verwendet das *Folge Jesus Training*, um viele neue Leiter zuzurüsten und zu motivieren. Wir beten, dass dies auch für Sie gilt. Möge der größte Leiter aller Zeiten Ihr Herz und Ihren Verstand ausfüllen mit aller geistlichen Segnung, Sie stark machen und Ihren Einfluss erhöhen – das ist der wahre Prüfung der Leiterschaft.

Teil 2
Leiterschafts-Ausbildung

1

Willkommen

Ausbilder und Leiter stellen sich in der ersten Lektion selbst vor. Die Leiter lernen dann den Unterschied zwischen der griechischen und der hebräischen Lernmethode. Jesus verwendete beide Methoden und das sollten wir auch tun. Die hebräische Methode ist am hilfreichsten bei der Ausbildung von Leitern und die am häufigsten verwendete bei *Ausbildung entschiedener Leiter*.

Das Ziel der Lektion für die Leiter besteht darin, Jesu Strategie zur Erreichung der Welt zu verstehen. Die fünf Bestandteile von Jesu Strategie beinhalten: Stark in Gott verwurzelt sein, das Evangelium mitteilen, Jünger ausbilden, Gruppen initiieren, die zu Gemeinden werden und Leiter ausbilden. Die Leiter wiederholen die Lektionen des Folge Jesus Trainings, Teil 1: Ausbildung entschiedener Nachfolger, welche die Gläubigen zurüstet, in jedem Bereich von Jesu Strategie erfolgreich zu sein. Die Leiter üben auch, anderen eine Vision zur Befolgung von Jesu Strategie zu geben. Die Einheit endet mit der Zusage, Jesus nachzufolgen und seine Gebote jeden Tag zu befolgen.

LOBPREIS

- Singen Sie zwei Lobpreislieder zusammen.
- Bitten Sie einen anerkannten Leiter, für Gottes Anwesenheit und Segen während des Trainingsseminars zu beten.

ANFANG

Vorstellung der Ausbilder

- Die Ausbilder und die Leiter sitzen zu Beginn der Eröffnungseinheit in einem Kreis. Um eine ungezwungene Atmosphäre zu gestalten, stellen Sie alle Tische zur Seite.
- Die Ausbilder machen vor, wie die Leiter sich selbst vorstellen.
- Der Ausbilder und sein Assistent stellen sich gegenseitig vor. Sie teilen der anderen Person ihren Namen mit, Angaben über ihre Familie, Volksgruppe (falls angebracht) und wie Gott die Gruppe, die sie leiten, im vorherigen Monat gesegnet hat.

Vorstellung der Leiter

- Teilen Sie die Leiter paarweise auf.

  „Stellen Sie Ihren Partner auf dieselbe Weise vor, wie ich und mein Assistent es getan haben."

- Die Leiter sollten den Namen ihres Partners erfahren, Informationen über deren Familie, Volksgruppe (falls angebracht) und wie Gott die Gruppe, die sie leiten, im

vorherigen Monat gesegnet hat. Teilen Sie ihnen mit, die Informationen in ihr Lernheft zu schreiben, so dass sie nichts vergessen, wenn sie ihren Partner vorstellen.
- Nach etwa fünf Minuten bitten Sie die Leiterpaare, sich mindestens fünf anderen Partnern auf dieselbe Weise vorzustellen, wie Sie Ihren Partner vorgestellt haben.

Wie hat Jesus Leiter ausgebildet?

- Bitten Sie die Leiter, ihre Stühle in Reihen aufzustellen – der traditionellen Lehrmethode. Sie sollten mindestens zwei Reihen bilden mit einem Mittelgang. Die Leiter sitzen in den Reihen, während die Ausbilder vorne stehen.

„Wir nennen dies die ‚griechische' Lehrmethode. Der Lehrer teilt Wissen mit, die Schüler stellen ein paar Fragen und jeder richtet sich zuerst an den Lehrer. Normalerweise strukturieren Lehrer ihre Klassen auf diese Weise, vor allem bei Kindern."

- Bitten Sie die Leiter, ihre Stühle wieder in einem Kreis aufzustellen wie am Anfang der Einheit. Die Leiter und Ausbilder sitzen in einem Kreis zusammen.

„Wir nennen dies die ‚hebräische' Lehrmethode. Der Lehrer stellt ein paar Fragen, die Schüler besprechen das Thema und jeder richtet sich an den Sprechenden, nicht nur den Lehrer. Lehrer verwenden diese Methode manchmal, wenn sie Erwachsene unterrichten. Welche Lehrmethode hat Jesus verwendet?"

- Erlauben Sie den Schülern, die Frage zu besprechen und sagen Sie dann: „Beide." Jesus verwendete die griechische Methode, wenn er sich an die Menge wandte und die hebräische Methode, wenn er die Jünger zu Leitern ausbildete.

„Welche Methode verwenden die meisten Lehrer in eurem Umfeld?"

- Lehrer verwenden häufiger die griechische Methode. Demzufolge fühlen wir uns in dieser Konstellation wohler.

„In diesen Trainingseinheiten werden wir zeigen, wie man Leiter so ausbildet, wie Jesus es tat. Die meisten Einheiten bei Ausbildung entschiedener Leiter verwenden die ‚hebräische' Methode, da Jesus diese Methode anwandte, wenn er Leiter ausbildete. Wir wollen ihm nacheifern."

PLAN

„Unser Ziel in dieser Lektion besteht darin, Jesu Strategie zur Erreichung der Welt zu verstehen, so dass wir ihm folgen können."

Wer baut die Gemeinde auf?

–MATTHÄUS 16, 18–
UND ICH SAGE DIR AUCH: DU BIST PETRUS, UND AUF DIESEN FELSEN WILL ICH MEINE GEMEINDE BAUEN, UND DIE PFORTEN DER HÖLLE SOLLEN SIE NICHT ÜBERWÄLTIGEN.

„Jesus ist derjenige, der seine Gemeinde aufbaut."

Warum ist es wichtig, wer die Gemeinde aufbaut?

–PSALM 127, 1–
WENN DER HERR NICHT DAS HAUS BAUT, SO ARBEITEN UMSONST, DIE DARAN BAUEN. WENN DER HERR NICHT DIE STADT BEHÜTET, SO WACHT DER WÄCHTER UMSONST.

„Wenn Jesus nicht die Gemeinde baut, wird unsere Arbeit zu nichts führen. Während seines Dienstes auf Erden und in der gesamten Kirchengeschichte hat Jesus immer seine Gemeinde gebaut, indem er dieselbe Strategie verwendete. Lasst uns seine Strategie erlernen, dass wir ihm nachfolgen können."

Wie baut Jesus seine Gemeinde?

- Zeichnen Sie das unten stehende Diagramm Schritt für Schritt, während Sie Jesu Strategie zur Erreichung der Welt erläutern.

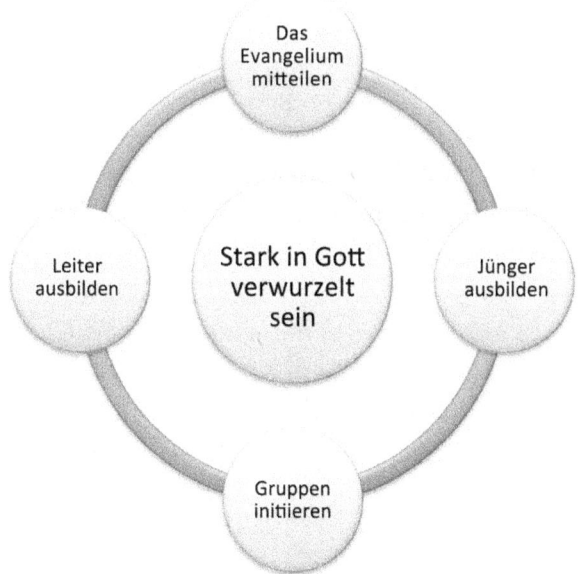

STARK IN GOTT VERWURZELT SEIN

>–LUKAS 2, 52–
>UND JESUS NAHM ZU AN WEISHEIT, ALTER UND GNADE BEI GOTT UND DEN MENSCHEN.

>–LUKAS 4, 14–
>UND JESUS KAM IN DER KRAFT DES GEISTES WIEDER NACH GALILÄA UND DIE KUNDE VON IHM ERSCHOLL DURCH ALLE UMLIEGENDEN ORTE.

„Die erste Taktik in Jesu Strategie ist ‚stark in Gott verwurzelt sein'. Geistliche Leitung ist abhängig von einer klaren und engen Beziehung zu Gott. Damit wir stark sein können, müssen wir nahe bei Jesus bleiben."

✋ **Stark in Gott verwurzelt sein**
Arme hochhalten und wie ein starker Mann posieren.

„Wenn wir nahe bei Jesus bleiben, beten wir, befolgen seine Gebote, wandeln im Geist und schließen uns Jesus an, wo er wirkt."

- WIEDERHOLEN Sie die „Beten", „Gehorchen" und „Wandeln im Heiligen Geist" Lektionen mit Handbewegungen des *Folge Jesus Trainings, Teil 1: Ausbildung entschiedener Nachfolger:*

„Diese Lektionen zeigen uns, wie wir nahe bei Christus bleiben. Sie helfen uns auch, anderen zu zeigen, wie sie ihm nahe bleiben. Ein Teil davon, stark in Gott verwurzelt zu sein, besteht darin, seine Gebote zu befolgen. Der Rest von Jesu Strategie besteht aus Geboten, die wir sofort, ständig und mit einem liebevollen Herzen befolgen sollten."

DAS EVANGELIUM MITTEILEN

> –MARKUS 1, 14 + 15–
> NACHDEM ABER JOHANNES GEFANGEN GESETZT WAR, KAM JESUS NACH GALILÄA UND PREDIGTE DAS EVANGELIUM GOTTES UND SPRACH: DIE ZEIT IST ERFÜLLT UND DAS REICH GOTTES IST HERBEIGEKOMMEN. TUT BUSSE UND GLAUBT AN DAS EVANGELIUM!

Wir werden stark verwurzelt in Gott, wenn wir beten und im Geist wandeln. Ein weiterer Weg, stark in Gott verwurzelt zu werden, besteht darin, Jesu Gebote zu befolgen. Jesus sagt uns, dass wir uns ihm anschließen sollen, wo er wirkt und das Evangelium mitteilen sollen."

 Das Evangelium mitteilen
Eine werfende Bewegung mit der rechten Hand ausführen, so als ob man Saaten ausstreut.

„Für die meisten Menschen ist ein Zeugnis, wie Gott sie errettet hat, ein guter Anfang, wenn sie anderen das Evangelium mitteilen. Die Menschen hören interessiert zu und hören unsere Geschichte gerne. Unser Zeugnis weiterzugeben ermöglicht uns auch, zu sehen, ob der Heilige Geist wirkt, so dass wir uns ihm anschließen können.

Wenn wir sehen, wo Gott wirkt, teilen wir das einfache Evangelium mit. Stellen Sie sicher, dass Sie die Saat des Evangeliums aussäen. Denken Sie daran: keine Saat, keine Ernte!"

- WIEDERHOLEN Sie die „Gehen", „Mitteilen" und „Säen" Lektionen mit Handbewegungen aus dem *Folge Jesus Training, Teil 1: Ausbildung entschiedener Nachfolger.*

„Gehen Sie Satan nicht in eine seiner Fallen an dieser Stelle. Viele Gläubige denken fälschlicherweise, dass sie erst stärker in Gott verwurzelt sein müssten, bevor sie das Evangelium mitteilen können. Sie erkennen nicht, dass das Gegenteil der Fall ist. Wir werden stärker verwurzelt, nachdem wir Jesu Gebote befolgt haben, nicht vorher. Befolgen Sie Jesu Gebote, indem Sie das Evangelium mitteilen, dann werden Sie stärker im Glauben wachsen. Wenn Sie warten, bis Sie sich „stark genug fühlen", werden Sie Ihren Glauben niemals mitteilen."

JÜNGER AUSBILDEN

–MATTHÄUS 4, 19–
UND ER SPRACH ZU IHNEN: FOLGT MIR NACH; ICH WILL EUCH ZU MENSCHENFISCHERN MACHEN!

„Wenn wir nahe bei Jesus bleiben und sein Gebot, das Evangelium mitzuteilen, befolgen, werden die Menschen darauf reagieren und als Gläubige wachsen wollen."

> ✋ Jünger ausbilden
> Die Hände an das Herz führen und dann zum Lobpreis erheben. Die Hände an der Taille halten und dann in die klassische Gebetshaltung bringen. Die Hände zeigen auf den Verstand und werden dann gesenkt, so als ob man ein Buch liest. Die Arme hochhalten wie ein starker Mann, dann eine streuende Bewegung ausführen, so als ob man Saaten ausbringt.

„Das wichtigste Gebot ist, Gott und die Menschen zu lieben. Wir zeigen den neuen Nachfolgern von Jesus, wie sie das auf praktische Weise tun können. Wir zeigen ihnen auch, wie sie beten können, Jesu Gebote befolgen, im Geist wandeln, dorthin gehen, wo Jesus wirkt, ihr Zeugnis mitteilen und das einfache

Evangelium mitteilen, so dass sie auch stark in Gott verwurzelt sein können."

- WIEDERHOLEN Sie die „Liebe" Lektion mit Handbewegungen aus dem Folge Jesus Training, Teil 1: Ausbildung entschiedener Nachfolger.

GRUPPEN UND GEMEINDEN INITIIEREN

–MATTHÄUS 16, 18–
UND ICH SAGE DIR AUCH: DU BIST PETRUS, UND AUF DIESEN FELSEN WILL ICH BAUEN MEINE GEMEINDE, UND DIE PFORTEN DER HÖLLE SOLLEN SIE NICHT ÜBERWÄLTIGEN.

„Wenn wir nahe bei Jesus bleiben und seine Gebote befolgen, teilen wir das Evangelium mit und bilden Jünger aus. Dann folgen wir Jesu Beispiel und initiieren Gruppen, die gemeinsam lobpreisen, beten, lernen und dienen. Jesus initiiert diese Art von Gruppen auf der ganzen Welt, um seine Kirche zu stärken und den Gemeinden zu helfen, neue Gemeinden zu seiner Ehre zu gründen."

Gruppen und Gemeinden initiieren
Die Hände machen eine „sammelnde" Bewegung, so als ob man Menschen bittet, sich um einen zu sammeln.

LEITER AUSBILDEN

–MATTHÄUS 10, 5-8–
DIESE ZWÖLF SANDTE JESUS, GEBOT IHNEN UND SPRACH: GEHET NICHT AUF DER HEIDEN STRASSE UND ZIEHET NICHT IN DER SAMARITER STÄDTE, SONDERN GEHET

HIN ZU DEN VERLORENEN SCHAFEN AUS DEM HAUSE ISRAEL. GEHT ABER UND PREDIGT UND SPRECHT: DAS HIMMELREICH IST NAHE HERBEIGEKOMMEN. MACHT DIE KRANKEN GESUND, REINIGT DIE AUSSÄTZIGEN, WECKT DIE TOTEN AUF, TREIBT DIE TEUFEL AUS. UMSONST HABT IHR'S EMPFANGEN, UMSONST GEBT ES AUCH.

"Wenn wir nahe bei Christus bleiben, zeigen wir unsere Liebe zu ihm, indem wir seinen Geboten gehorchen. Wir teilen das Evangelium mit, so dass verlorene Menschen zurück in Gottes Familie kommen können. Wir bilden Jünger aus, die sowohl Gott lieben als auch die Menschen. Wir initiieren Gruppen, die gemeinsam lobpreisen, beten, lernen und dienen. Mehr Gruppen bedeuten einen höheren Bedarf an Leitern. Gemäß des 222-Prinzips aus 2. Timotheus 2, 2 bilden wir Leiter aus, die wiederum Leiter ausbilden, die wieder weitere Leiter ausbilden."

🖐 Leiter ausbilden
Stramm stehen und salutieren wie ein Soldat.

- WIEDERHOLEN Sie die „Vervielfältigungs"-Lektion mit den Handbewegungen aus dem *Folge Jesus Training, Teil 1: Ausbildung entschiedener Nachfolger.*

"Bitte vermeiden Sie ein weit verbreitetes Missverständnis von Jesu Strategie. Viele Gläubige versuchen, diesen Geboten nacheinander zu folgen. Sie denken, zuerst werden wir evangelisieren; dann bilden wir Jünger aus und so weiter. Jesus lehrte uns aber, alle Gebote in jedem Umfeld zu befolgen. Wenn wir z. B. Das Evangelium mitteilen, bilden wir bereits die Person aus, wie sie Jesus nachfolgen kann. Wenn wir Jünger ausbilden, helfen wir den zum Glauben gekommenen eine bereits bestehende Gruppe zu finden oder beginnen mit einer neuen.

Von Anfang an zeigen wir das Verhalten von leidenschaftlichen, geistlichen Leitern.

Diese fünfteilige Strategie beschreibt, wie Jesus seine Gemeinde baut. Die Jünger ahmten Jesu Strategie in der Urgemeinde nach. Paulus kopierte diese Strategie bei seiner Mission der Nichtjuden. Erfolgreiche geistliche Leiter in der gesamten Kirchengeschichte haben dasselbe getan. Wenn Leiter sich Jesus bei seiner Strategie zur Erreichung der Welt anschlossen, hat Gott ganze Länder auf bedeutsame Weise gesegnet. Mögen wir Jesu Strategie folgen und Gottes Herrlichkeit über dieses Land kommen sehen!"

Merkverse

–1. KORINTHER 11, 1–
SEID MEINE NACHFOLGER, GLEICHWIE ICH CHRISTI!

- Alle sagen im Stehen den Merkvers zehnmal gemeinsam. Die ersten sechsmal kann die Bibel oder Notizen zur Hilfe genommen werden. Die letzten viermal wird der Vers auswendig gesagt. Sagen Sie jedes Mal die Bibelstelle, bevor der Vers selbst aufgesagt wird und setzen Sie sich wieder, wenn Sie fertig sind.
- Diesem Ablauf zu folgen, wird den Ausbildern helfen, zu erkennen, welche Teams die Lektion im „Übungs"-Teil abgeschlossen haben.

ÜBUNG

„Lasst uns nun üben, was wir über Jesu Strategie zur Erreichung der Welt gelernt haben. Wir teilen uns abwechselnd gegenseitig die Strategie mit. Dann haben wir das Selbstvertrauen, um andere zu unterrichten."

- Bitten Sie die Leiter, sich paarweise aufzuteilen.

„Nehmt ein Blatt Papier. Faltet das Blatt in der Mitte. Nun faltet es nochmals zur Hälfte, so wie ich es zeige. So erhaltet ihr vier Felder, in die ihr die Bilder von Jesu Strategie zeichnen könnt, wenn ihr das Papier wieder auffaltet."

- Bitten Sie die Leiter, zu üben, die Bilder von Jesu Strategie zu zeichnen und sie sich gegenseitig zu erklären. *Beide Leiter* zeichnen die Strategiebilder *gleichzeitig*. Nur eine Person erklärt aber. Die Leiter müssen die Lektionen aus *Ausbildung entschiedener Nachfolger* nicht wiederholen, wenn sie das Bild zeichnen.
- Wenn die erste Person des Paares die Zeichnung beendet und das Bild von Jesu Strategie erklärt, tut die zweite Person dasselbe. *Beide Partner* zeichnen ein neues Bild *beim zweiten Mal*. Die Partner sollten dann aufstehen und den Merkvers zehnmal zusammen aufsagen, wobei sie dem Muster folgen, das Sie ihnen vorher gezeigt haben.

„Wenn ihr damit fertig seid, das Bild zweimal zu zeichnen, sagt ihr den Merkvers zehnmal mit eurem ersten Partner auf, sucht einen anderen Partner und übt diese Lektion mit ihm oder ihr auf dieselbe Weise.

Wenn ihr fertig seid, mit eurem zweiten Partner zu üben, sucht einen anderen Partner."

„Macht so lange weiter, bis das Zeichnen und Erklären von Jesu Strategie zur Erreichung der Welt mit vier verschiedenen Partnern geübt habt."

(Wenn die Leiter mit dieser Aufgabe fertig sind, sollten sie die Vorder- und Rückseite ihres Papiers mit insgesamt acht Bildern von Jesu Strategie ausgefüllt haben.)

Abschluss

JESUS SAGT „FOLGE MIR"

–MATTHÄUS 9, 9–
UND DA JESUS VON DANNEN GING, SAH ER EINEN MENSCHEN AM ZOLL SITZEN, DER HIESS MATTHÄUS; UND ER SPRACH ZU IHM: FOLGE MIR! UND ER STAND AUF UND FOLGTE IHM.

„Zöllner gehörten zu den am meisten verachteten Menschen zu Zeiten von Jesus. Niemand hätte geglaubt, dass Jesus Matthäus berufen würde, denn er war Zöllner.

Die Tatsache, dass Jesus Matthäus berief, zeigt uns, dass er sich mehr um die Gegenwart kümmert als um die Vergangenheit. Sie glauben vielleicht, dass Gott in Ihrem Leben nicht wirken kann, weil Sie zu viele Sünden begangen haben. Sie schämen sich vielleicht für Bemerkungen, die Sie in der Vergangenheit getätigt haben. Die gute Nachricht ist aber, dass Gott jeden gebraucht, der sich heute dafür entscheidet, Jesus nachzufolgen. Gott hält Ausschau nach Menschen, die nahe bei ihm bleiben und gehorchen wollen.

Wenn wir jemandem nachfolgen, ahmen wir ihn oder sie nach. Ein Lehrling ahmt seinen Meister nach, um einen Beruf zu erlernen. Schüler werden wie ihre Lehrer. Jeder von uns ahmt jemanden nach. Wir werden so wie die Person, die wir nachahmen.

Der Zweck des Folge Jesus Trainings liegt darin, den Leiter zu zeigen, wie sie Jesus nachahmen. Wir glauben, je mehr wir ihn nachahmen, desto mehr werden wir wie er. Daher stellen wir in diesem Trainingskurs Fragen zu Leiterschaft, lesen die

Bibel, entdecken wie Jesus andere anleitete und üben, ihm nachzufolgen."

- Bitten Sie einen anerkannten Leiter in der Gruppe, die Lektion zu beenden mit einem Gebet um Segen und Hingabe zur Befolgung von Jesu Strategie zur Erreichung der Welt.

2

Ausbilden wie Jesus

Ein weit verbreitetes Problem bei wachsenden Gemeinden oder Gruppen ist der Bedarf an mehr Leitern. Bemühungen, Leiter auszubilden, scheitern oft, weil es keinen einfachen Prozess gibt, dem man folgen kann. Das Ziel dieser Lektion besteht darin, zu erläutern, wie Jesus Leiter ausbildete, so dass wir ihn nachahmen können.

Jesus bildete Leiter aus, indem er sie fragte, welchen Fortschritt sie in ihrer Mission erreicht haben, und indem er sämtliche Probleme, mit welchen die Leiter konfrontiert waren, mit ihnen besprach. Er betete auch für sie und half ihnen, Pläne für ihre weitere Mission zu machen. Ein wichtiger Bestandteil ihrer Ausbildung war die Übung von Fähigkeiten, die sie bei ihrem weiteren Dienst brauchen würden. In Lektion 2 wenden die Leiter diesen Leiterschafts-Ausbildungsprozess sowie Jesu Strategie zur Erreichung der Welt in ihren Gruppen an. Schließlich erarbeiten die Leiter noch einen „Ausbildungsbaum", der ihnen hilft, die

Ausbildung und das Gebet für die Leiter, die sie ausbilden, zu koordinieren.

LOBPREIS

- Singen Sie zwei Lobpreislieder zusammen. Bitten Sie einen Leiter, für diese Einheit zu beten.

WEITERER VERLAUF

- Bitten Sie einen weiteren Leiter im Kurs ein kurzes Zeugnis mitzuteilen (drei Minuten), wie Gott seine oder ihre Gruppe segnet. Nachdem der Leiter sein Zeugnis gegeben hat, bitten Sie die Gruppe, für ihn oder sie zu beten.

PROBLEM

„Gemeinden und Gruppen erkennen, dass sie mehr Leiter brauchen, aber oft wissen sie nicht, wie sie neue Leiter ausbilden sollen. Die bestehenden Leiter nehmen noch mehr Verantwortung und Aufgaben an, bis sie im Burn-out landen. Die Nachfolger bitten die Leiter, immer mehr mit immer weniger Mitteln zu machen, bis die Leiter letztendlich aufgeben. Gemeinden und Gruppen in allen Kulturen und Ländern werden regelmäßig mit diesem Problem konfrontiert."

PLAN

„Wir können lernen, leidenschaftliche, geistliche Leiter auszubilden. Das Ziel dieser Lektion besteht darin, zu zeigen, wie Jesus Leiter ausbildete, so dass wir ihn nachahmen können."

Wiederholung

Willkommen
    Wer baut die Gemeinde auf?
    Warum ist das wichtig?
    Wie baut Jesus seine Gemeinde auf?
        Stark in Gott verwurzelt sein 🖐
        Das Evangelium mitteilen 🖐
        Jünger ausbilden 🖐
        Gruppen und Gemeinden initiieren 🖐
        Leiter ausbilden 🖐

> –I. Korinther 11, 1– Folgt meinem Beispiel wie ich dem Beispiel Christi!

Wie bildete Jesus Leiter aus?

–LUKAS 10, 17–
DIE ZWEIUNDSIEBZIG ABER KAMEN ZURÜCK VOLL FREUDE UND SPRACHEN: HERR, AUCH DIE BÖSEN GEISTER SIND UNS UNTERTAN IN DEINEM NAMEN.

FORTSCHRITT

„Die Jünger kehrten von ihrer Mission zurück und berichteten Jesus von den Fortschritten, die sie erreicht hatten. Auf dieselbe Weise sprechen wir mit den Leitern, die wir ausbilden. Wir zeigen ein persönliches Interesse daran, wie es ihrer Familie geht und wie sie in ihrem Dienst vorankommen."

     Fortschritt
    Die Händen gegenseitig umeinander kreisen und dabei aufwärts bewegen.

−MATTHÄUS 17, 19−
DA TRATEN SEINE JÜNGER ZU IHM, ALS SIE ALLEIN WAREN, UND FRAGTEN: WARUM KONNTEN „WIR" IHN NICHT AUSTREIBEN?

PROBLEME

„Die Jünger stießen in ihrem Dienst auf Probleme und baten Jesus, ihnen dabei zu helfen, zu verstehen, warum sie keinen Erfolg hatten. Auf dieselbe Weise bitten wir die Leiter, uns die Probleme mitzuteilen, mit denen sie konfrontiert sind, so dass wir gemeinsam Gott nach Lösungen fragen können."

✋ **Probleme**
Die Hände auf beide Seiten des Kopfes legen und so tun, als ob man sich die Haare rauft.

−LUKAS 10, 1−
DANACH SETZTE DER HERR WEITERE ZWEIUNDSIEBZIG1 JÜNGER EIN UND SANDTE SIE JE ZWEI UND ZWEI VOR SICH HER IN ALLE STÄDTE UND ORTE, WOHIN ER GEHEN WOLLTE.

PLÄNE

„Jesus gab den Jüngern einfache, geistliche und strategische Pläne, denen sie in ihrer Mission folgen sollten. Auf dieselbe Weise helfen wir den Leitern, Pläne für ihre ‚nächste Taktik' zu machen, die einfach sind, von Gott abhängig und auf die Probleme ausgerichtet, mit denen sie zu kämpfen haben."

🖐 Pläne
Die linke Hand wie ein Blatt Papier ausbreiten und mit der rechten Hand darauf „schreiben".

⊕

–JOHANNES 4, 1-2–
ALS NUN JESUS ERFUHR, DASS DEN PHARISÄERN ZU OHREN GEKOMMEN WAR, DASS ER MEHR ZU JÜNGERN MACHTE UND TAUFTE ALS JOHANNES - OBWOHL JESUS NICHT SELBER TAUFTE, SONDERN SEINE JÜNGER -

ÜBUNG

„Die Entdeckung, dass nicht Jesus, sondern die Jünger neue Gläubige tauften, überrascht viele Leiter. In vielen Momenten wie diesem erlaubte Jesus den Jüngern, die Aufgaben zu üben, die sie ausführen würden, nachdem er in den Himmel zurückgekehrt war. Auf dieselbe Weise geben wir den Leitern eine Möglichkeit, die Fähigkeiten zu üben, die sie brauchen, wenn sie in ihren Dienst zurückkehren. Wir schaffen einen ‚sicheren Rahmen' für sie, um zu üben, Fehler zu machen und Selbstvertrauen zu gewinnen."

✋ **Übung**
Arme hoch und tief bewegen, so als ob man Gewichte stemmt.

⊕

–LUKAS 22, 31-32–
SIMON, SIMON, SIEHE, DER SATAN HAT BEGEHRT, EUCH ZU SIEBEN WIE DEN WEIZEN. ICH ABER HABE FÜR DICH GEBETEN, DASS DEIN GLAUBE NICHT AUFHÖRE. UND WENN DU DEREINST DICH BEKEHRST, SO STÄRKE DEINE BRÜDER.

GEBET

„Jesus wusste bereits, dass Petrus Fehler machen und mit der Versuchung ringen würde, aufzugeben. Jesus wusste auch, dass Gebet der Schlüssel zu Kraft und Durchhaltevermögen auf unserem Weg mit Gott ist. Für jene zu beten, die wir anleiten, ist die wichtigste Unterstützung, die wir ihnen geben können."

✋ **Gebet**
Die Hände in der „klassischen Gebetshaltung" vor das Gesicht halten.

Merkvers

–LUKAS 6, 40–
DER JÜNGER STEHT NICHT ÜBER DEM MEISTER; WENN ER VOLLKOMMEN IST, SO IST ER WIE SEIN MEISTER.

- Alle sagen im Stehen den Merkvers zehnmal gemeinsam. Die ersten sechsmal kann die Bibel oder Notizen zur Hilfe genommen werden. Die letzten viermal wird der Vers auswendig gesagt. Sagen Sie jedes Mal die Bibelstelle, bevor der Vers selbst aufgesagt wird und setzen Sie sich wieder, wenn Sie fertig sind.
- Diesem Ablauf zu folgen, wird den Ausbildern helfen, zu erkennen, welche Teams die Lektion im „Übungs"-Teil abgeschlossen haben.

ÜBUNG

- Teilen Sie die Leiter in Vierergruppen auf.
- Führen Sie die Leiter Schritt für Schritt durch den Trainingsprozess, geben Sie ihnen 7-8 Minuten, jeden der folgenden Abschnitte zu besprechen.

WIEDERHOLUNG

„Wie lauten die fünf Bestandteile in Jesu Strategie zur Erreichung der Welt?"

- Zeichnen Sie das Diagramm an die Tafel, während die Leiter antworten.

FORTSCHRITT

„Welcher Teil in Jesu Strategie zur Erreichung der Welt sind für eure Gruppe am einfachsten auszuführen?"

PROBLEME

„Teilt die Probleme eurer Gruppe bei Jesu Strategie zur Erreichung der Welt mit. Welcher Teil von Jesu Strategie ist für eure Gruppe am schwersten auszuführen?"

PLÄNE

„Nennt eine Aufgabe, die ihr eurer Gruppe in den nächsten 30 Tagen stellt, die ihr helfen wird, Jesu Strategie zur Erreichung der Welt effektiver auszuführen."

- Jeder sollte sich die Pläne seiner Partner notieren, so dass man später für sie beten kann.

ÜBUNG

„Nennt eine Fähigkeit, die ihr selbst in den nächsten 30 Tagen üben werdet, die euch helfen wird, euch als Leiter in eurer Gruppe zu verbessern."

- Jeder notiert sich die geplante Übung seiner Partner, so dass man später dafür beten kann.
- Nachdem jeder die Fähigkeit genannt hat, die geübt werden soll, stehen die Gruppenmitglieder auf und sagen den Merkvers zehnmal gemeinsam auf.

GEBET

„Verbringt in eurer Kleingruppe Zeit damit, für die Pläne der anderen zu beten und für die Fähigkeit, die in den nächsten 30 Tagen geübt werden soll, um sich als Leiter zu verbessern."

Abschluss

Ausbildungsbaum

"Der ‚Ausbildungsbaum' ist ein hilfreiches Mittel, um die Menschen, die wir als Leiter ausbilden, zu organisieren und für sie zu beten."

- Zeichnen Sie an der Tafel oder Flipchart den Stamm eines Baumes, die Wurzeln und eine Linie, welche die Grashöhe angibt.

"Ich fange so an, meinen Baum zu zeichnen. Zeichnet einen Stamm, dann ein paar Wurzeln und schließlich das Gras. Die Bibel sagt, dass wir in Christus verwurzelt sind, also schreibe ich seinen Namen hier hin. Da diese Zeichnung mein Ausbildungsbaum ist, schreibe ich meinen Namen auf den Stamm."

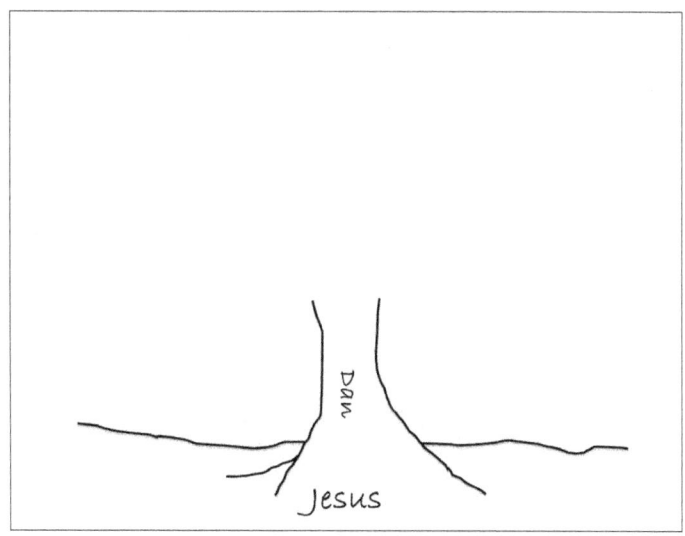

- Beschriften Sie den Bereich unterhalb der Wurzeln mit „Jesus" und schreiben Sie Ihren Namen auf den Stamm des Baumes.

„Jesus investierte den Großteil seiner Leiterschafts-Ausbildung in drei Personen: Petrus, Jakobus und Johannes. Ich möchte ihn nachahmen, also werde ich dasselbe tun. Gott hat mir drei Leiter zur Seite gestellt, in die ich die meiste Ausbildungszeit investieren kann."

- Zeichnen Sie drei Linien nach oben und aus dem Stamm des Baumes heraus. Schreiben Sie über jede Linie den Namen der drei Hauptleiter, die Sie ausbilden.

„Jesus bildete drei Leiter aus und zeigte ihnen, wie sie andere ausbilden können. Wenn jeder von ihnen wiederum drei weitere ausbildet (wie Jesus), ergibt das insgesamt zwölf Leiter. Hmmm. Jesus hatte zwölf Jünger. Ist das nicht interessant?"

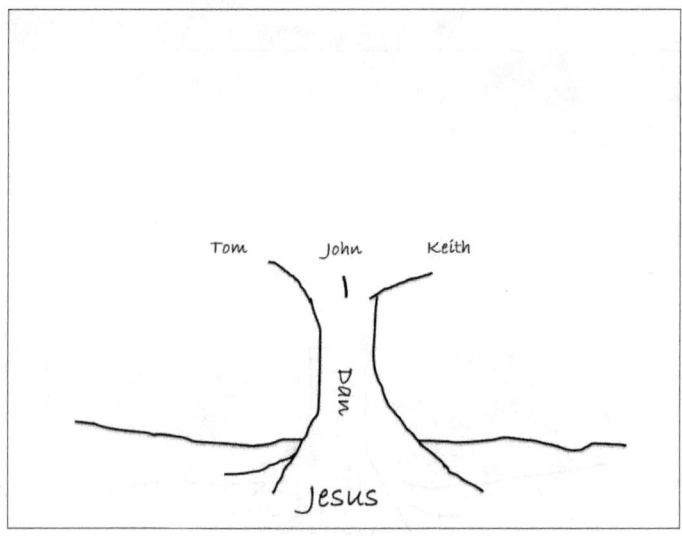

- Zeichnen Sie drei Linien nach oben ausgehend von jedem der drei Hauptleiter, die Sie ausbilden. Schreiben Sie den Namen der Personen, die von Ihren Hauptleitern ausgebildet werden, über jede dieser Linien. Erzählen Sie alle Geschichten, die der Heilige Geist Ihnen eingibt über Ihren Ausbildungsbaum. Zeichnen Sie Blätter an die Äste, um Ihren Baum fertigzustellen.

„Nun möchte ich, dass ihr euren eigenen ‚Ausbildungsbaum' zeichnet. Ihr müsst vielleicht einige der Namen zunächst ‚im Glauben' daran aufschreiben, aber gebt euer bestes, um zwölf Personen am Ausbildungsbaum zu haben. Die ersten drei Zweige geben die Hauptleiter an, die ihr ausbildet. Jeder von diesen Leitern hat drei Zweige mit den Leitern, für die sie die meiste Ausbildungszeit einsetzen."

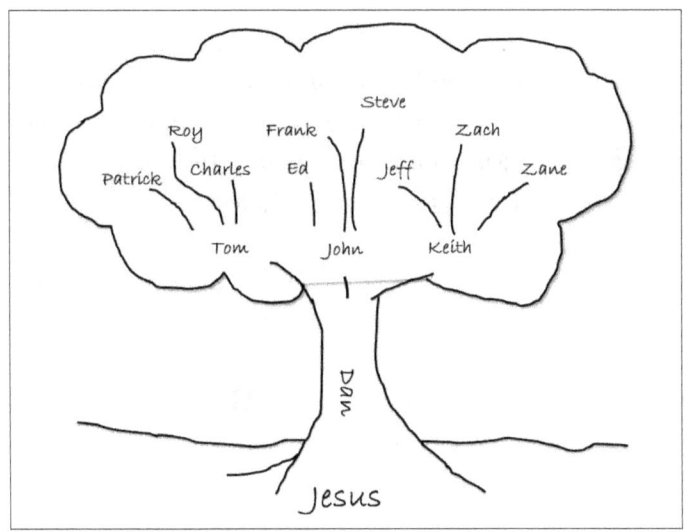

- Während die Leiter ihre „Ausbildungsbäume" zeichnen, erzählen Sie folgendes:

„*Ich werde oft gefragt: ‚Wie soll ich Leiter ausbilden?' Jesus sagte uns, wir sollten bitten, dann würden wir empfangen. Habt ihr ihn um das gebeten, was ihr braucht? Diese Ausbildung wird euch die Mittel geben, die ihr braucht, um Leiter auszubilden.*

Andere sagen: ‚Ich kenne niemanden, den ich als Leiter ausbilden könnte.' Jesus sagte uns, wir sollten suchen, dann würden wir finden. Habt ihr nach Menschen gesucht, die ihr ausbilden könnt, oder habt ihr darauf gewartet, dass sie zu euch kommen? Er sagte ‚sucht' und nicht ‚wartet'.

Wieder andere fragen: ‚Wo soll ich anfangen, Leiter auszubilden?' Jesus sagte uns, wir sollten anklopfen, dann wird die Tür für uns geöffnet. Habt ihr angeklopft? Gott wird uns mit Richtungsweisung segnen, wenn wir den ersten Glaubensschritt gehen.

Meistens ist der Grund, warum wir keinen „Ausbildungsbaum" haben, dass wir nicht gebetet, angeklopft oder gesucht haben. Wenn wir Jesu Geboten aus einem liebevollen Herzen heraus gehorchen, wird Gott uns mehr Ausbildungsmöglichkeiten schenken, als wir uns vorstellen können.

Dieses Werkzeug wird euch helfen, andere Leiter bei ihrem Fortschritt, Problemen, Plänen, Übung und Gebet anzuleiten."

- Bitten Sie einen Leiter in der Gruppe, die Einheit mit Gebet abzuschließen.

„*Betet für die Leiter auf unseren Ausbildungsbäumen und die Pläne, die wir in unseren Kleingruppen geschmiedet haben. Betet für die Punkte, die wir üben werden, um uns während des nächsten Monats als Leiter weiterzuentwickeln.*"

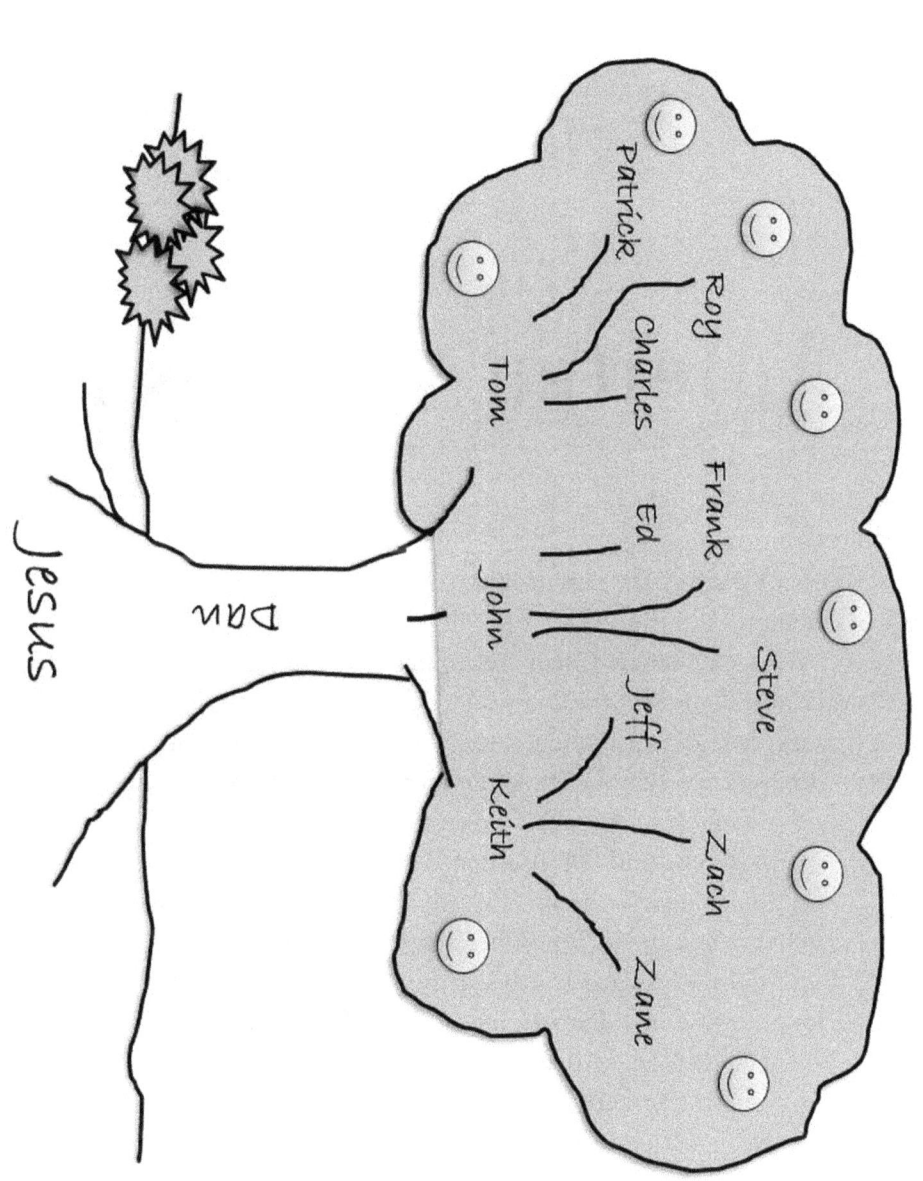

3

Anleiten wie Jesus

Jesus Christus ist der größte Leiter aller Zeiten. Kein anderer Mensch hat öfter und mehr Menschen beeinflusst als er. Lektion 2 zeigt die sieben Qualitäten eines großartigen Leiters auf der Basis des Leitungsstils von Jesus. Die Leiter denken dann über die Stärken und Schwächen ihrer eigenen Leitungserfahrung nach. Ein Spiel zur Teambildung beendet die Einheit, welche die Kraft der „geteilten Leiterschaft" vermittelt.

Alles steht und fällt mit dem Herzen des Leiters, also schauen wir uns an, wie Jesus die Jünger angeleitet hat, so dass wir ihn nachahmen können. Jesus liebte sie endlos, verstand seine Mission, kannte die Probleme in der Gruppe, gab seinen Nachfolgern ein Beispiel, dem sie folgen konnten, begegnete ihnen freundlich und wusste, dass Gott seinen Gehorsam segnen würde. Alles kommt aus unserem Herzen. Daher ist es unsere Herzenshaltung, wo wir als Leiter anfangen müssen.

LOBPREIS

- Singen Sie zwei Lobpreislieder zusammen. Bitten Sie einen Leiter, für diese Einheit zu beten.

WEITERER VERLAUF

- Bitten Sie einen weiteren Leiter im Kurs ein kurzes Zeugnis zu geben (drei Minuten) wie Gott seine oder ihre Gruppe gesegnet hat. Nachdem der Leiter in Zeugnis abgegeben hat, bitten Sie die Gruppe, für ihn oder sie zu beten.
- Wahlweise spielen Sie beispielhaft eine Übungszeit mit einem Leiter durch und verwenden die Abschnitte „Fortschritt, Probleme, Plan, Übung, Gebet" des Ausbildungsprozesses für Trainer.

PROBLEM

„Die Welt ist voller Leiter mit unterschiedlichen Leitungsstilen. Wie sollte mein Leitungsstil als Jesu Nachfolger aussehen?"

PLAN

„Jesus ist der großartigste Leiter aller Zeiten. Niemand hat je mehr Menschen öfter beeinflusst als er. In dieser Lektion werden wir uns ansehen, wie Jesus andere anleitete, so dass wir ihn nachahmen können."

Wiederholung

Willkommen
Wer baut die Gemeinde auf?
Warum ist das wichtig?
Wie baut Jesus seine Gemeinde auf?
    Stark in Gott verwurzelt sein
    Das Evangelium mitteilen
    Jünger ausbilden
    Gruppen und Gemeinden initiieren
    Leiter ausbilden

> –I. Korinther 11, 1–Folgt meinem Beispiel wie ich dem Beispiel Christi!

Ausbilden wie Jesus
Wie hat Jesus Leiter ausgebildet?
    Fortschritt
    Probleme
    Pläne
    Übung
    Gebet

> –Lukas 6, 40–Der Jünger steht nicht über dem Meister; wenn er vollkommen ist, so ist er wie sein Meister.

Von wem sagte Jesus, dass er der größte Leiter sei?

–MATTHÄUS 20, 25-28–
ABER JESUS RIEF SIE ZU SICH UND SPRACH: IHR WISST, DASS DIE HERRSCHER IHRE VÖLKER NIEDERHALTEN UND DIE MÄCHTIGEN IHNEN GEWALT ANTUN. SO SOLL ES NICHT SEIN UNTER EUCH; SONDERN WER UNTER EUCH GROSS SEIN WILL, DER SEI EUER DIENER;

UND WER UNTER EUCH DER ERSTE SEIN WILL, DER SEI EUER KNECHT, SO WIE DER MENSCHENSOHN NICHT GEKOMMEN IST, DASS ER SICH DIENEN LASSE, SONDERN DASS ER DIENE UND GEBE SEIN LEBEN ZU EINER ERLÖSUNG FÜR VIELE.

„Der größte Leiter ist der größte Diener."

🖐 Salutieren wie ein Soldat und dann die Hände aneinander legen und sich verbeugen wie ein Diener.

Wie sehen die sieben Qualitäten eines großen Leiters aus?

-JOHANNES 13, 1-17-
VOR DEM PASSAFEST ABER ERKANNTE JESUS, DASS SEINE STUNDE GEKOMMEN WAR, DASS ER AUS DIESER WELT GINGE ZUM VATER; UND WIE ER DIE SEINEN GELIEBT HATTE, DIE IN DER WELT WAREN, SO LIEBTE ER SIE BIS ANS ENDE.
UND BEIM ABENDESSEN, ALS SCHON DER TEUFEL DEM JUDAS, SIMONS SOHN, DEM ISKARIOT, INS HERZ GEGEBEN HATTE, IHN ZU VERRATEN,
JESUS ABER WUSSTE, DASS IHM DER VATER ALLES IN SEINE HÄNDE GEGEBEN HATTE UND DASS ER VON GOTT GEKOMMEN WAR UND ZU GOTT GING,
DA STAND ER VOM MAHL AUF, LEGTE SEIN OBERGEWAND AB UND NAHM EINEN SCHURZ UND UMGÜRTETE SICH. DANACH GOSS ER WASSER IN EIN BECKEN, FING AN, DEN JÜNGERN DIE FÜSSE ZU WASCHEN, UND TROCKNETE SIE MIT DEM SCHURZ, MIT DEM ER UMGÜRTET WAR.
DA KAM ER ZU SIMON PETRUS; DER SPRACH ZU IHM: HERR, SOLLTEST DU MIR DIE FÜSSE WASCHEN?

Jesus antwortete und sprach zu ihm: Was ich tue, das verstehst du jetzt nicht; du wirst es aber hernach erfahren.

Da sprach Petrus zu ihm: Nimmermehr sollst du mir die Füsse waschen! Jesus antwortete ihm: Wenn ich dich nicht wasche, so hast du kein Teil an mir.

Spricht zu ihm Simon Petrus: Herr, nicht die Füsse allein, sondern auch die Hände und das Haupt!

Spricht Jesus zu ihm: Wer gewaschen ist, bedarf nichts, als dass ihm die Füsse gewaschen werden; denn er ist ganz rein. Und ihr seid rein, aber nicht alle.

Denn er kannte seinen Verräter; darum sprach er: Ihr seid nicht alle rein.

Als er nun ihre Füsse gewaschen hatte, nahm er seine Kleider und setzte sich wieder nieder und sprach zu ihnen: Wisst ihr, was ich euch getan habe?

Ihr nennt mich Meister und Herr und sagt es mit Recht, denn ich bin's auch.

Wenn nun ich, euer Herr und Meister, euch die Füsse gewaschen habe, so sollt auch ihr euch untereinander die Füsse waschen.

Ein Beispiel habe ich euch gegeben, damit ihr tut, wie ich euch getan habe.

Wahrlich, wahrlich, ich sage euch: Der Knecht ist nicht grösser als sein Herr und der Apostel nicht grösser als der, der ihn gesandt hat.

Wenn ihr dies wisst - selig seid ihr, wenn ihr's tut.

1. GROSSE LEITER LIEBEN DIE MENSCHEN

„In Vers 1 nahmen Jesus und die Jünger das letzte Abendmahl ein bevor Jesus gekreuzigt wurde. Die Bibel besagt, dass Jesus sie bis zuletzt liebte und ihnen bei diesem Abendmahl zeigte, wie sehr er sie liebte.

Für einen Leiter kann es schwer sein, die Menschen zu lieben, wenn sie Fehler machen, aber Jesus liebte die Menschen, die er anleitete, bis zu Schluss.

Für einen Leiter kann es schwer sein, die Menschen zu lieben, wenn sie ihn kritisieren, aber Jesus liebte die Menschen, die er anleitete, bis zum Schluss.

Für einen Leiter kann es schwer sein, die Menschen zu lieben, wenn sie ihn fallen lassen, aber Jesus liebte die Menschen, die er anleitete, bis zum Schluss."

✋ **Die Menschen lieben**
Mit der Hand auf die Brust klopfen.

2. GROSSE LEITER KENNEN IHRE MISSION

„In Vers 3 besagt die Bibel, dass Jesus wusste, wo er herkam, wo er hinging und dass Gott ihm Vollmacht über alles gegeben hatte.

Jesus wusste, dass er aus einem guten Grund auf die Erde gekommen war.

Jesus wusste, dass er auf die Erde gekommen war, um am Kreuz für unsere Sünden zu sterben.

Jesus wusste, dass er auf die Erde gekommen war, um Satan zu besiegen und uns mit Gott zu versöhnen.

Gott gibt jedem Menschen eine einzigartige Mission, während wir auf der Erde sind. Große Leiter kennen ihre Mission und inspirieren andere, ihnen zu folgen."

> 🖐 **Die eigene Mission kennen**
> Salutieren wie ein Soldat und mit dem Kopf nicken für „ja".

3. GROSSE LEITER DIENEN IHREN NACHFOLGERN

„In Vers 4 stand Jesus vom Abendmahl auf und zog sein Übergewand aus. Dann band er ein Tuch um seine Hüften und begann, den Jüngern die Füße zu waschen.

Die Leiter dieser Welt erwarten von ihren Nachfolgern, dass sie ihnen dienen. Leiter wie Jesus dienen jedoch ihren Nachfolgern.

Die Leiter dieser Welt üben Kontrolle und Macht über jene aus, die sie anleiten. Leiter wie Jesus rüsten jedoch diejenigen mit Macht aus, die ihnen nachfolgen."

„Weltliche Leiter konzentrieren sich auf sich selbst und nicht auf die Menschen, die sie anleiten. Im Gegensatz dazu konzentrieren sich Leiter wie Jesus auf die Bedürfnisse ihrer Nachfolger in dem Wissen, dass Gott für ihre eigenen Bedürfnisse sorgen wird, während sie sich um andere kümmern. Gott segnet uns, damit wir für andere ein Segen sein können."

> 🖐 **Ihren Nachfolgern dienen**
> Sich in der klassischen Gebetshaltung verbeugen.

4. GROSSE LEITER KORRIGIEREN FREUNDLICH

„In den Versen 6 bis 9 beging Petrus einige Fehler, aber jedes Mal korrigierte Jesus ihn freundlich.

Petrus sagte Jesus, dass er ihm nicht die Füße waschen sollte. Jesus sagte ihm, dass es für ihre Freundschaft notwendig war. Er korrigierte ihn freundlich.

Petrus sagte Jesus dann, dass er seinen gesamten Körper waschen sollte. Jesus sagte ihm, dass er bereits rein wäre und korrigierte ihn wiederum freundlich.

Die Leiter dieser Welt kritisieren, beschuldigen und unterdrücken die Menschen. Leiter wie Jesus korrigieren mit Freundlichkeit, ermutigen ihre Nachfolger und bauen die Menschen auf."

> ✋ Mit Freundlichkeit korrigieren
> Mit den Zeigefingern und Daumen beider Hände ein Herz symbolisieren.

5. GROSSE LEITER KENNEN DIE AKTUELLEN PROBLEME IHRER GRUPPE

„In den Versen 10 und 11 erzählt uns die Bibel, dass Jesus wusste, dass Judas ein Problem in der Gruppe darstellte und ihn betrügen würde.

Zu verstehen, wo die Probleme in einer Gruppe liegen und diese anzugehen, ist ein wichtiger Teil von Leiterschaft. Viele Leiter versuchen, sich vor den Problemen, mit denen ihre Gruppe zu kämpfen hat, zu verstecken, aber die Probleme werden nur noch größer.

Achten Sie darauf, wie beherrscht Jesus mit Judas umging in dem Wissen, dass Gott derjenige ist, der die schlechten Taten vergelten wird, und nicht die Leiter selbst."

> Probleme in der Gruppe
> Die Hände seitlich an den Kopf legen, so als ob man Kopfschmerzen hätte.

6. GROSSE LEITER GEBEN EIN GUTES BEISPIEL AB, DEM MAN NACHFOLGEN KANN

In den Versen 12 bis 16 erklärt Jesus, warum er den Jüngern die Füße gewaschen hatte. Er war ihr Leiter, dennoch wusch er ihre Füße, was die Tätigkeit eines Dieners war. Jesus zeigte den Jüngern, dass Leiterschaft auch gegenseitiges Dienen beinhaltet.

Nachfolger spiegeln ihre Leiter wider und ahmen sie nach. Wenn wir Jesus nachfolgen, werden auch jene, die uns als Leitern nachfolgen automatisch Jesus nachfolgen."

> Ein gutes Beispiel abgeben
> Zum Himmel zeigen und mit dem Kopf nicken für „ja".

7. GROSSE LEITER WISSEN, DASS SIE GESEGNET SIND

„In Vers 17 sagte Jesus den Jüngern, dass Gott sie segnen würde, wenn sie andere anleiten würden, indem sie ihnen dienen.

Manchmal ist es schwer, andere anzuleiten, aber alle, die Jesus nachfolgen, wissen, dass sie gesegnet sind.

Manchmal ist man einsam, wenn man andere anleitet, aber Jesus segnet alle Leiter mit seiner Gegenwart.

Nachfolger schätzen ihre Leiter nicht immer, aber Jesus verspricht Gottes Unterstützung, wenn wir seinem Beispiel folgen und andere anleiten, indem wir ihnen dienen."

🖐 Wissen, dass man gesegnet ist
Hände in Lobpreis zum Himmel erheben.

Merkvers

-JOHANNES 13, 14-15-
WENN NUN ICH, EUER HERR UND MEISTER, EUCH DIE FÜSSE GEWASCHEN HABE, SO SOLLT AUCH IHR EUCH UNTEREINANDER DIE FÜSSE WASCHEN. EIN BEISPIEL HABE ICH EUCH GEGEBEN, DAMIT IHR TUT, WIE ICH EUCH GETAN HABE.

- Alle sagen im Stehen den Merkvers zehnmal gemeinsam. Die ersten sechsmal kann die Bibel oder Notizen zur Hilfe genommen werden. Die letzten viermal wird der Vers auswendig gesagt. Sagen Sie jedes Mal die Bibelstelle, bevor der Vers selbst aufgesagt wird und setzen Sie sich wieder, wenn Sie fertig sind.
- Diesem Ablauf zu folgen, wird den Ausbildern helfen, zu erkennen, welche Teams die Lektion im „Übungs"-Teil abgeschlossen haben.

ÜBUNG

- Teilen Sie die Leiter in Vierergruppen auf.

„Jetzt werden wir denselben Trainingsprozess anwenden, den Jesus angewendet hat, um zu üben, was wir in dieser Leiterschafts-Lektion gelernt haben."

- Führen Sie die Leiter Schritt für Schritt durch den Trainingsprozess und geben Sie ihnen 7–8 Minuten, und die folgenden Abschnitte zu besprechen.

WEITERER VERLAUF

„Teilt eurer Gruppe mit, welche der sieben Qualitäten eines großen Leiters für euch am einfachsten ist."

PROBLEME

„Teilt eurer Gruppe mit, welche der sieben Qualitäten eines großen Leiters für euch die größte Herausforderung ist."

PLÄNE

„Nennt eine Aufgabe, die ihr eurer Gruppe in den nächsten 30 Tagen stellt, die ihnen helfen wird, Jesu Beispiel eines Leiters zu folgen."

- Jeder sollte die Vorhaben seiner Partner aufschreiben, so dass später dafür gebetet werden kann.

ÜBUNG

„Nennt eine Fähigkeit, die ihr persönlich in den nächsten 30 Tagen üben werdet, die euch helfen wird, euch als Leiter in eurer Gruppe zu verbessern."

- Jeder notiert sich den Übungspunkt seiner Partner, damit später dafür gebetet werden kann.

- Nachdem jeder die Fähigkeit mitgeteilt hat, die er oder sie üben will, stehen die Gruppenmitglieder auf und sagen den Merkvers zehnmal gemeinsam auf.

GEBET

„Verbringt Zeit damit, gegenseitig für eure Pläne zu beten und die Fähigkeit, die ihr in den nächsten 30 Tagen üben wollt, um euch als Leiter zu verbessern."

ABSCHLUSS

Chinlone

- Bitten Sie sechs Freiwillige, ihre Fähigkeiten im Chinlone*-Spiel der Gruppe zu demonstrieren. Helfen Sie den sechs dabei, einen Spielkreis in der Mitte des Raumes zu gestalten.

    „Ich habe ein berühmtes Chinloneteam eingeladen, um ihre Fertigkeiten zu zeigen. Lasst uns dafür applaudieren, dass sie gekommen sind."

- Stellen Sie die Teilnehmer auf mit einer Person an vorderster Stelle als „Leiter". Bitten Sie die anderen, sich in zwei Reihen dem Leiter gegenüber aufzustellen.

    „Zuerst wird unser berühmtes Chinloneteam zeigen, wie man auf „griechische" Art Chinelone spielt. Hört euch die Regeln an, die sie befolgen. Jeder muss den Chineloneball zum Leiter schießen. Wenn der Leiter den Ball hat, schießt er ihn zu einem

anderen Spieler. Spieler, die zu anderen Spielern und nicht zum Leiter schießen, werden bestraft."

- Bitten Sie das Team, die „griechische" Art Chinelone zu spielen. Chinelone auf diese Art zu spielen, ist schrecklich und verwirrend für die Spieler. Ziehen Sie auf humorvolle Weise die Spieler heraus, die den Ball zu jemand anderem und nicht zum Leiter geschossen haben. Rufen Sie „Penalty! (Strafe)" Korrigieren Sie deren Fehler und zeigen Sie ihnen, dass sie den Ball nur zum Leiter schießen sollen.

„Was war los, als sie Chinelone auf diese Art gespielt haben?" (Das Spiel nach diesen Regeln zu spielen, ist schwierig. Die Spieler sehen gelangweilt aus. Es macht keinen Spaß.)

- Jetzt bitten Sie die Spieler, einen normalen Chinelonekreis zu bilden, aber stellen Sie den „Leiter" in die Mitte.

„Jetzt lassen wir das Chineloneteam auf hebräische Art spielen, wobei aber der Leiter versuchen wird, alles zu kontrollieren. Wir verwenden dieselben Regeln wie vorher – die Spieler müssen den Ball zum Leiter schießen, der ihn dann wieder an jemand anders zurückschießt."

- Das Team wird sich dieses Mal besser schlagen, aber der Leiter wird nach ein paar Minuten erschöpft sein. Rufen Sie sämtliche Strafen auf humorvolle Weise aus, wenn die Spieler den Ball zu jemand anders und nicht zum Leiter schießen.

„Was war los, als sie Chinelone auf diese Art gespielt haben?" (Der Leiter arbeitet schwer und wird sehr müde. Die Spieler haben viele Fehler gemacht. Es war langweilig.)

- Stellen Sie die Spieler in einem herkömmlichen Chinelonekreis auf, auch den Leiter. Erklären Sie ihnen, dass sie nicht jedes Mal den Ball zum Leiter schießen müssen. Bitten Sie sie, Chinelone so zu spielen wie immer.

„Jetzt wird uns das berühmte Chineloneteam zeigen, wie man Chinelone auf echt hebräische Art spielt."

- Lassen Sie sie einige Minuten lang spielen bis jeder im Kurs gerne zusieht und Kommentare über ihre Spielweise abgibt.

„Was war los, als sie Chinelone auf diese Art gespielt haben?" (Das ganze Team ist beteiligt. Das gesamte Team war erfolgreich. Sie haben ein tolles Spiel abgeliefert.)

„Die dritte Art, Chinelone zu spielen, ist ein gutes Beispiel für dienende Leiterschaft. Der Leiter hilft dabei, dass jeder in der Gruppe teilnimmt und einen Beitrag leistet. Der Leiter

kümmert sich nicht um alles, sondern gibt anderen die Freiheit, ihren einzigartigen Stiel auszudrücken. Das ist ein Beispiel für Leiterschaft, das Jesus uns zur Nachfolge gegeben hat."

- Bitten Sie einen Leiter in der Gruppe, die Einheit mit Gebet abzuschließen.

„Betet für jeden von uns als Leiter, damit wir so anleiten wie Jesus und für die Pläne, die wir in unseren Kleingruppen geschmiedet haben. Betet auch für die Fähigkeiten, die wir üben werden, um uns in den nächsten 30 Tagen als Leiter zu verbessern."

*Chinlone ist der Name eines Spiels, das normalerweise von Männern in Myanmar gespielt wird. Die Teilnehmer stellen sich im Kreis auf und schießen sich einen Ball zu, wobei nur die Füße eingesetzt werden. Der Ball darf so lange wie möglich nicht auf den Boden fallen. Die Spieler vollführen oft besondere Kicks und Manöver, um die anderen zu beeindrucken. Die Höhe und Genauigkeit der Pässe bringt den meisten Applaus der Zuschauer und Teilnehmer ein.

Chinelone wird in ganz Asien gespielt, aber jedes Land hat einen anderen Namen für das Spiel. Fragen Sie die Einheimischen, um den Namen des Spiels in der Gegend, wo Sie ausbilden, zu erfahren.

Wenn Sie Leiter in einer Gegend ausbilden, wo es kein ähnliches Spiel wie „Chinelone" gibt, können Sie den Ball auch durch einen Rupfensack ersetzen. Verwenden Sie einen Ballon, um diesen Übungspunkt durchzuführen.

4

Stärke gewinnen

Die Leiter, die Sie ausbilden, leiten Gruppen an und lernen, wie anstrengend es sein kann, andere anzuleiten. Leiter werden mit erheblichen geistlichen Kämpfen von außerhalb ihrer Gruppe und Persönlichkeitsdifferenzen innerhalb ihrer Gruppe konfrontiert. Ein Schlüssel zu effektiver Leiterschaft liegt in der Erkennung unterschiedlicher Persönlichkeitstypen und zu lernen, wie man effektiv mit ihnen im Team arbeitet. Die „Stärke gewinnen" Lektion zeigt Leitern einen einfachen Weg, den Menschen zu helfen, ihren eigenen Persönlichkeitstyp zu erkennen. Wenn wir verstehen, wie Gott uns geschaffen hat, haben wir gute Hinweise, wie wir stärker mit ihm wachsen können.

Es gibt acht Persönlichkeitstypen: Soldaten, Suchende, Hirten, Söhne/Töchter, Heilige, Diener und Verwalter. Nachdem die man den Leitern geholfen hat, ihren Typ zu erkennen, werden die Stärken und Schwächen jedes Typs besprochen. Viele Menschen nehmen an, Gott liebt den Persönlichkeitstyp am meisten, den ihre Kultur am meisten ehrt. Andere Leiter glauben, dass die Fähigkeiten als Leiter von ihrer Persönlichkeit abhängen. Diese einengenden Glaubenssätze sind einfach nicht wahr. Die Einheit endet damit, dass betont wird, die Leiter sollten Menschen als Individuen behandeln. Das Leiterschaftstraining muss auf individuelle Bedürfnisse eingehen und nicht pauschal auf alle zugeschnitten sein.

Lobpreis

- Singen Sie zwei Lobpreislieder zusammen. Bitten Sie einen Leiter in der Gruppe, für diese Einheit zu beten.

Weiterer Verlauf

- Bitten Sie einen weiteren Leiter im Kurs ein kurzes Zeugnis zu geben (drei Minuten) wie Gott seine oder ihre Gruppe gesegnet hat. Nachdem der Leiter in Zeugnis abgegeben hat, bitten Sie die Gruppe, für ihn oder sie zu beten.
- Wahlweise spielen Sie beispielhaft eine Übungszeit mit einem Leiter durch und verwenden die Abschnitte „Fortschritt, Probleme, Plan, Übung, Gebet" des Ausbildungsprozesses für Trainer.

Problem

„Leiter erwarten oft fälschlicherweise, dass ihre Nachfolger auf dieselbe Weise handeln und reagieren. Gott hat die Menschen jedoch mit vielen verschiedenen Persönlichkeiten erschaffen. Ein Schlüssel für effektive Leiterschaft ist die Erkennung unterschiedlicher Persönlichkeitstypen und zu lernen, wie man am effektivsten mit ihnen im Team arbeitet.

Jesus ist ein Sohn und möchte, dass Liebe und Einheit in seiner Familie sichtbar werden. Unterschiedliche Persönlichkeitstypen zu verstehen, wird uns helfen, andere mehr zu lieben."

PLAN

„In dieser Lektion werden wir acht Persönlichkeitstypen kennenlernen. Ihr werdet entdecken, welchen Persönlichkeitstyp euch gegeben hat und wie ihr anderen helfen könnt, ihren eigenen Persönlichkeitstyp herauszufinden. Jeder Gläubige kann starker im Herrn wachsen, wenn er versteht, wie Gott ihn oder sie geschaffen hat."

Wiederholung

Willkommen
Wer baut die Gemeinde auf?
Warum ist das wichtig?
Wie baut Jesus seine Gemeinde auf?
Stark in Gott verwurzelt sein 🖐
Das Evangelium mitteilen 🖐
Jünger ausbilden 🖐
Gruppen und Gemeinden initiieren 🖐
Leiter ausbilden 🖐

–I. Korinther 11, 1–Folgt meinem Beispiel wie ich dem Beispiel Christi!

Ausbilden wie Jesus
Wie hat Jesus Leiter ausgebildet?
Fortschritt
Probleme
Pläne
Übung
Gebet

–Lukas 6, 40–Der Jünger steht nicht über dem Meister; wenn er vollkommen ist, so ist er wie sein Meister.

Anleiten wie Jesus
Von wem sagte Jesus, dass er der größte Leiter sei?
Wie sehen die sieben Qualitäten eines großen Leiters aus?
1. Große Leiter lieben die Menschen
2. Große Leiter kennen ihre Mission
3. Große Leiter dienen ihren Nachfolgern
4. Große Leiter korrigieren freundlich
5. Große Leiter kennen die aktuellen Probleme in ihrer Gruppe
6. Große Leiter geben ein gutes Beispiel, dem man folgen kann
7. Große Leiter wissen, dass sie gesegnet sind

–Johannes 13, 14-15–Wenn nun ich, euer Herr und Meister, euch die Füße gewaschen habe, so sollt auch ihr euch untereinander die Füße waschen. Ein Beispiel habe ich euch gegeben, damit ihr tut, wie ich euch getan habe.

Welche Persönlichkeit hat Gott Ihnen gegeben?

- Bitten Sie die Leiter, auf einer leeren Seite in ihrem Heft einen großen Kreis zu zeichnen.

„Der Kreis, den ich zeichne, stellt alle Menschen auf dieser Welt dar."

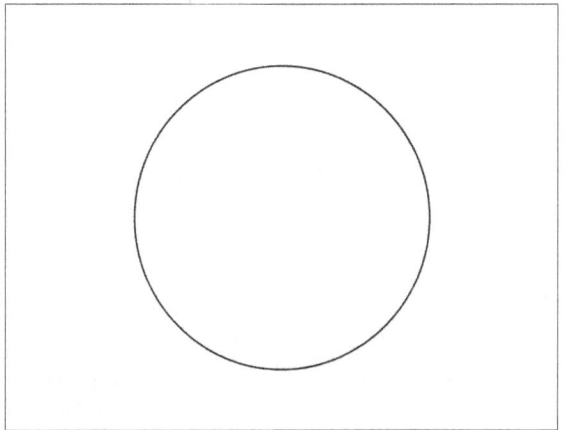

- Bitten Sie die Leiter, eine horizontale Linie zu zeichnen, die den Kreis in der Mitte teilt. Beschriften Sie die rechte Hälfte des Kreises mit „Beziehungen" und die linke Seite mit „Aufgaben".

„Jeder Mensch gehört in eine der beiden Gruppen: Menschen, die eher ‚aufgabenkonzentriert' sind und Menschen, die eher ‚beziehungskonzentriert' sind. Gott hat beide Arten von Menschen erschaffen, also ist keine besser oder schlechter; Gott hat die Menschen einfach so gemacht. Wählt einen Punkt auf der Linie, von dem ihr denkt, dass er am meisten widerspiegelt, welche Person ihr seid."

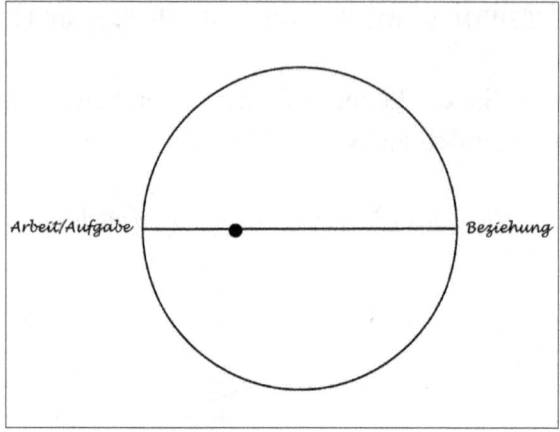

(Ein eher aufgabenzentrierter Mensch wird einen Punkt auf Linie zeichnen, der mehr auf der linken Seite liegt. Ein eher beziehungszentrierter Mensch wird einen Punkt auf der Linie zeichnen, der mehr rechts liegt. Wenn die Person halb-beziehungs- und halb-aufgabenorientiert ist, sagen Sie ihr, dass sie den Punkt ziemlich in die Mitte der Linie zeichnen soll, aber mehr zu einer Seite hin.)

„Teilt euer Ergebnis eurem Nachbarn mit und schaut, ob euer Nachbar mit dem Punkt, den ihr gezeichnet habt, einverstanden ist. Nehmt euch etwa fünf Minuten Zeit dafür."

- Bitten Sie die Leiter, eine senkrechte Linie zu zeichnen, die den Kreis in vier gleiche Teile aufteilt. Beschriften Sie den Kreis oben mit „extrovertiert" und unten mit „introvertiert".

„Jeder auf der Welt gehört auch in zwei oder mehr Gruppen: jene, die mehr ‚nach außen' orientiert sind (extrovertiert) und jene, die mehr ‚nach innen' orientiert sind (introvertiert). Kein Schwerpunkt ist besser als der andere. So hat Gott die Menschen einfach gemacht.

Wählt die Stelle auf der senkrechten Linie aus, die eurer Vorliebe am ehesten entspricht."

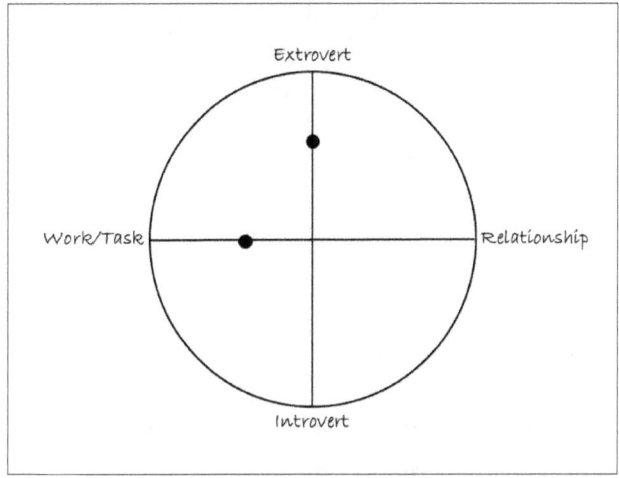

(Eine nach außen gerichtete Person wird sich eher oben im Kreis wiederfinden. Eine nach innen gerichtete Person würde eher weiter unten im Kreis eine Markierung vornehmen. Wenn die Person halb extrovertiert und halb introvertiert ist, sagen Sie ihr, dass sie den Punkt nahe an der Mittellinie, jedoch mehr zu einer Seite anbringen soll.)

„Besprecht euer Ergebnis mit eurem Nachbarn und schaut, ob euer Nachbar mit eurem ausgewählten Punkt einverstanden ist. Nehmt euch etwa drei Minuten Zeit dafür."

- Bitten Sie die Leiter, zwei diagonale Linien (ein „X") zu zeichnen, welche den Kreis in acht gleiche Teile unterteilen.
- Die Leiter zeichnen dann ein Viereck mit gestrichelter Linie, um zu bestimmen, in welchem Teil ihre Persönlichkeit liegt.
- Die Illustration unten zeigt das fertige Diagramm einer Person mit der Persönlichkeit eines Suchenden.

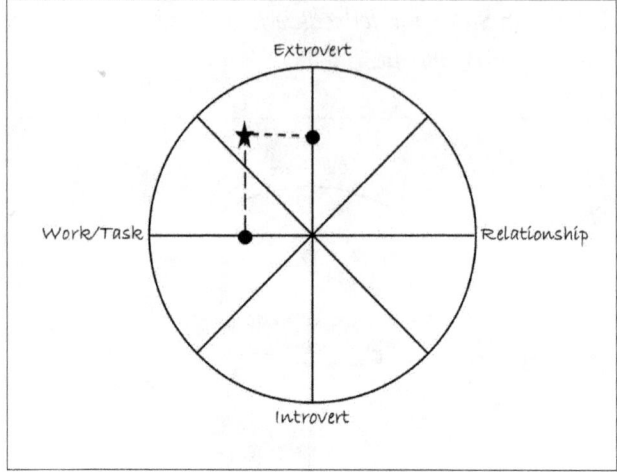

- Beginnend beim 9:00-10:30 Teil gehen Sie im Uhrzeigersinn weiter und erklären die die folgenden acht Persönlichkeitstypen:
- Schreiben Sie den Namen des Persönlichkeitstyps in den Teil, während sie dessen positive und negative Eigenschaften erläutern.

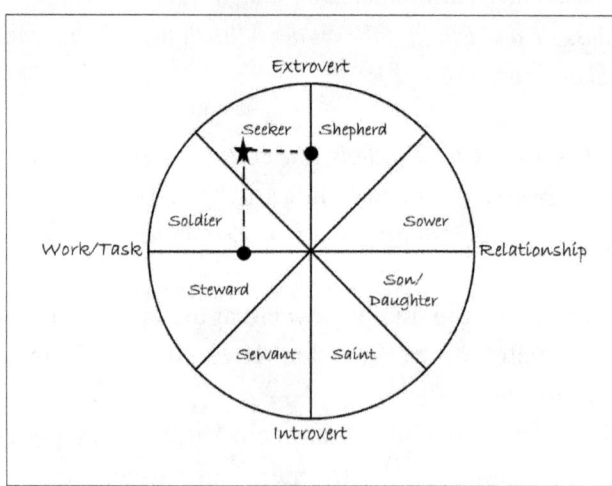

SOLDAT

- sehr aufgabenorientiert, etwas mehr nach außen als nach innen gerichtet.
- Positiv: Sieht das, was für einen Sieg nötig ist, bestimmt und ehrenhaft; Einstellung, alles zu geben, was nötig ist.
- Negativ: Kann dominant und unsensibel sein, kann die Schlacht gewinnen, aber dafür den Krieg verlieren.

SUCHENDER

- sehr nach außen gerichtet, etwas mehr aufgaben- als beziehungsorientiert.
- Positiv: Erkennt neue Möglichkeiten, betreibt gute Kontaktpflege, hat einen Unternehmergeist.
- Negativ: Kann vergnügungssüchtig sein, kann sich möglicherweise nicht auf eine einzige Aufgabe konzentrieren, könnte der Meinung sein, dass etwas neues immer besser ist.

SCHÄFER

- sehr nach außen gerichtet, etwas mehr beziehungs- als aufgabenorientiert.
- Positiv: Erkennt die geistlichen Nöte der Menschen, führt gerne Gruppen an und ist hervorragend darin, Menschen in ihren emotionalen Kämpfen zu ermutigen.
- Negativ: Kann rechthaberisch auftreten, neigt zu Cliquenbildung, kann sich schwer tun, mit bestehender Leiterschaft zu kooperieren.

SÄMANN

- sehr beziehungsorientiert, etwas mehr nach außen als nach innen gerichtet.
- Positiv: Erkennt das Potential in Menschen, agiert als Mentor, ist immer nach eigener Verbesserung bestrebt.
- Negativ: Kann Unfrieden säen, kämpft mit Entmutigung, spricht zu oft über seine Lieblingsthemen.

SOHN ODER TOCHTER

- sehr beziehungsorientiert, etwas mehr nach innen als nach außen gerichtet.
- Positiv: Erkennt, was andere brauchen, um sich als „Teil der Familie" zu fühlen, sucht den Frieden und betont die Bedeutung des Einzelnen.
- Negativ: Kann der Meinung sein, die eigene Familie ist die „beste", neigt zu Eifersucht und Unsicherheit.

HEILIGER

- sehr nach innen gerichtet, etwas mehr beziehungs- als aufgabenorientiert.
- Positiv: Erkennt Möglichkeiten, wie Menschen mit Gott in Verbindung kommen können, erhält Traditionen aufrecht, fungiert als moralische Stimme der Gemeinschaft.
- Negativ: Kann „päpstlicher als der Papst" erscheinen, hat damit zu kämpfen, andere anzunehmen, ist manchmal legalistisch.

DIENER

- sehr nach innen gerichtet, etwas mehr aufgaben- als beziehungsorientiert.
- Positiv: Erkennt, wie die leiblichen Bedürfnisse der Menschen erfüllt werden können, ist treu, arbeitet am besten hinter den Kulissen.
- Negativ: Dient anderen, kann dabei aber eventuell die eigene Familie vernachlässigen, kann Veränderungen nur langsam akzeptieren, tut sich schwer damit, das große Gesamtbild zu sehen.

VERWALTER

- sehr aufgabenorientiert, etwas mehr nach innen als nach außen gerichtet.
- Positiv: Erkennt den besten Weg, um Ressourcen zu verwalten, ist weise und praktisch veranlagt.
- Negativ: Kann in Bürokratie stecken bleiben, Mangel an Empathie, stellt die Nöte der Organisation über die wahren Nöte der Menschen.

„Zeigt eurem Partner, welchem der acht Persönlichkeitstypen ihr ähnelt und gebt Beispiele dafür."

Welchen Persönlichkeitstyp liebt Gott am meisten?

- Lassen Sie die Leiter über diesen Punkt diskutieren. Deren Antworten werden Ihnen einen guten Einblick ihre Kultur geben. Jede Kultur neigt dazu, ein oder zwei Rollenbilder von Christus höher zu bewerten als den Rest.

„Gott hat jeden Persönlichkeitstyp erschaffen, und nachdem er damit fertig war, sagte er. ‚Es ist gut.' Alle sind seine Lieblinge."

Welcher Persönlichkeitstyp gibt den besten Leiter ab?

- *Bitten Sie die Leiter, diese Frage zu besprechen. Normalerweise werden sich zwei oder drei Bilder von Christus als Favoriten herauskristallisieren. Die Leiter werden argumentieren, dass diese zwei oder drei Persönlichkeitstypen als Leiter am besten geeignet sind. Wir haben festgestellt, dass die Antworten zwischen westlichen und östlichen Kulturen wesentlich variieren. Nachdem die Gruppe ihre Gedankengänge diskutiert hat, teilen Sie ihnen folgendes mit.*

  „Viele Menschen sind überrascht, dass man ein herausragender Leiter sein kann ohne einem dieser acht Persönlichkeitstypen zu entsprechen. Leiterschaft hängt nicht von der Persönlichkeit ab. Ich könnte euch zu acht riesigen Gemeinden in Amerika mitnehmen, die jede Woche von mehr als 5000 Menschen besucht werden. Die meisten Menschen würden sagen, dass diese Gemeinden von großartigen Leitern geführt werden. Wenn ihr mit den unterschiedlichen Pastoren reden würdet, würdet ihr entdecken, dass jeder eine andere Persönlichkeit aufweist. Jeder leitet mit einem anderen Bild von Christus seine Gemeinde an. Die Persönlichkeit macht keinen guten Leiter aus. Ein guter Leiter ist eine Person, die das gesamte Team anleiten kann, zusammenzuarbeiten und erfolgreich zu sein. Jesus ist der größte Leiter aller Zeiten. Folgt ihm nach und ihr werdet auch zu großen Leitern werden."

Merkvers

> –RÖMER 12, 4-5–
> DENN WIE WIR AN „EINEM" LEIB VIELE GLIEDER HABEN, ABER NICHT ALLE GLIEDER DIESELBE AUFGABE HABEN, SO SIND WIR VIELE „EIN" LEIB IN CHRISTUS, ABER UNTEREINANDER IST EINER DES ANDERN GLIED.

- Alle sagen im Stehen den Merkvers zehnmal gemeinsam. Die ersten sechsmal kann die Bibel oder Notizen zur Hilfe genommen werden. Die letzten viermal wird der Vers auswendig gesagt. Sagen Sie jedes Mal die Bibelstelle, bevor der Vers selbst aufgesagt wird und setzen Sie sich wieder, wenn Sie fertig sind.
- Diesem Ablauf zu folgen, wird den Ausbildern helfen, zu erkennen, welche Teams die Lektion im „Übungs"-Teil abgeschlossen haben.

ÜBUNG

- Teilen Sie die Leiter in Vierergruppen auf. Bitten Sie sie, den Trainingsprozess mit dieser Leiterschaftslektion durchzuführen.
- Führen Sie die Leiter Schritt für Schritt durch den Trainingsprozess und geben Sie ihnen 7-8 Minuten, um jeden der folgenden Abschnitte zu besprechen.

WEITERER VERLAUF

„Teilt mit, welchem der acht Persönlichkeitstypen ihr am meisten ähnelt und gebt Beispiele."

PROBLEME

„Teilt mit, welchem der acht Typen ihr am wenigsten ähnelt und gebt Beispiele."

PLÄNE

„Teilt einen einfachen Plan mit, wie ihr im nächsten Monat die unterschiedlichen Persönlichkeitstypen in eurer Gruppe herausfinden wollt."

- Jeder notiert sich die Pläne der anderen, so dass später dafür gebetet werden kann.

ÜBUNG

„Teilt eine Aufgabe mit, die ihr in den nächsten 30 Tagen ausüben wollt, um euch als Leiter in diesem Bereich zu verbessern."

- Jeder notiert sich den Übungspunkt seiner Partner, um später dafür beten zu können.
- Die Leiter stehen auf und sagen den Merkvers zehnmal zusammen auf, nachdem jeder die Fähigkeit mitgeteilt hat, die er oder sie üben will.

GEBET

„Nehmt euch Zeit dafür, für die Pläne und die Fähigkeiten der anderen zu beten, die sie während der nächsten 30 Tage üben wollen, um sich als Leiter zu verbessern."

Abschluss

Der amerikanische Cheeseburger

„Bitten Sie die Leiter, so zu tun, als ob sie in einem Restaurant wären. Lassen Sie die Leiter in Dreier- oder Vierergruppen zusammensitzen und erläutern Sie, dass ihre Gruppen nun „Tische" darstellen, wo sie essen. Erklären Sie ihnen, dass Sie der Kellner sind und ihre Bestellung aufnehmen werden."

- Legen Sie sich ein Serviertuch über Ihren Arm, gehen Sie zum ersten Tisch und fragen Sie, was die Gäste essen möchten. Egal, was sie bestellen werden, sagen Sie: „Tut mir leid, das ist leider gerade aus, ich werde Ihnen stattdessen einen amerikanischen Cheeseburger servieren."
- Nach ein paar Tischen werden die meisten amerikanische Cheeseburger bestellen, da sie bemerken, dass es alles ist, was Sie anbieten können.

„Dieses Schauspiel verdeutlicht einen häufigen Fehler der Leiterschaft. Leiter erwarten von allen, dass sie sich gleich verhalten und sind, aber Gott hat jeden Menschen anders erschaffen. Gute Leiter lernen, wie man mit unterschiedlichen Persönlichkeiten arbeitet. Sie bringen den Menschen bei, wie man zusammenarbeitet und Unterschiede respektiert."

- Bitten Sie einen der Leiter ein Dankgebet zu beten für die unterschiedlichen Arten, wie Gott die Menschen erschaffen hat.

5

Zusammen stärker

Während der letzten Lektion haben die Leiter ihren eigenen Persönlichkeitstyp entdeckt. „Stärker zusammen" zeigt den Leitern, wie ihr Persönlichkeitstyp mit anderen interagiert. Warum haben die Menschen auf der ganzen Welt acht unterschiedliche Persönlichkeitstypen? Einige behaupten, es läge daran, weil sich Noahs Arche acht Menschen befanden, andere sagen, Gott erschuf einen Persönlichkeitstyp für jeden Punkt auf dem Kompass – Norden, Nordosten, Osten etc. Wir können den Grund ganz einfach erklären. Es gibt acht verschiedene Persönlichkeitstypen auf der Welt, weil Gott die Menschen nach seinem Bild erschaffen hat. Wenn Sie sehen möchten, wie Gott aussieht, rät uns die Bibel, auf Jesus zu schauen. Die acht grundlegenden Persönlichkeitstypen auf der Welt spiegeln die acht Bilder von Jesus wider.

Jesus ist wie ein Soldat – Befehlshaber über Gottes Heer. Er ist wie in Suchender – er sucht und rettet die Verlorenen. Er ist wie ein Hirte – er gibt seinen Nachfolgern Nahrung, Wasser und Ruhe. Jesus ist wie ein Sämann – er sät Gottes Wort in unser Leben. Er ist ein Sohn – Gott nannte ihn seinen geliebten Sohn und gebot uns, auf ihn zu hören. Jesus ist der Erlöser und beruft uns, ihn in der Welt als Heilige zu repräsentieren. Er ist ein Diener – er gehorcht seinem Vater, sogar bis zum Tode. Schließlich ist Jesus ein Verwalter – viele Gleichnisse handeln vom Umgang mit Zeit, Geld oder Menschen.

Jeder Leiter trägt die Verantwortung dafür, den Menschen zu helfen, zusammenzuarbeiten. Zwischen unterschiedlichen Persönlichkeiten ist Konflikt unvermeidbar, den sie sehen die Welt unterschiedlich. Die beiden häufigsten Wege, wie Menschen mit Konflikten umgehen, bestehen darin, sich zu meiden oder miteinander zu kämpfen. Ein dritter Weg, mit Konflikten umzugehen, der von Gottes Geist geführt ist, besteht darin, Lösungen zu finden, die jeden Persönlichkeitstyp respektieren und bestätigen. Die Einheit endet mit einem Schauspielwettbewerb, der diese Wahrheit auf humorvolle Weise zeigt. Das Diagramm der „acht Bilder von Christus" hilft uns, zu verstehen, wie wir andere besser lieben können. Das ist die Aufgabe aller Nachfolger von Jesus.

LOBPREIS

- Singen Sie zwei Lobpreislieder zusammen. Bitten Sie einen Leiter, für diese Einheit zu beten.

WEITERER VERLAUF

- Bitten Sie einen weiteren Leiter im Kurs ein kurzes Zeugnis zu geben (drei Minuten) wie Gott seine oder ihre Gruppe gesegnet hat. Nachdem der Leiter in Zeugnis abgegeben hat, bitten Sie die Gruppe, für ihn oder sie zu beten.
- Wahlweise spielen Sie beispielhaft eine Übungszeit mit einem Leiter durch und verwenden die Abschnitte „Fortschritt, Probleme, Plan, Übung, Gebet" des Ausbildungsprozesses für Trainer.

Problem

„In der letzten Lektion haben wir etwas über die acht verschiedenen Persönlichkeitstypen gelernt. Dieses Wissen hilft uns, zu verstehen, wie Konflikte in einer Gruppe auftreten. Nichts hält eine Mission oder einen Dienst schneller auf, als Konflikte. Die Menschen tauschen hitzige Wortwechsel aus und verletzten die Gefühle der anderen. Dann bewegt sich die Mission oder der Dienst nur extrem langsam weiter."

Plan

„Jesus ist der Erlöser und beruft seine Nachfolger, Heilige zu sein, die ihn in der Welt repräsentieren. Die Welt wird daran erkennen, dass wir Christen sind, wie wir mit Konflikten gemeinsam umgehen. Der Plan dieser Lektion besteht darin, euch zu zeigen, warum Konflikte auftreten und wie man mit Meinungsverschiedenheiten umgeht, wenn sie auftreten."

Wiederholung

Willkommen
Wer baut die Gemeinde auf?
Warum ist das wichtig?
Wie baut Jesus seine Gemeinde auf?
Stark in Gott verwurzelt sein
Das Evangelium mitteilen
Jünger ausbilden
Gruppen und Gemeinden initiieren
Leiter ausbilden

–I. Korinther 11, 1–Folgt meinem Beispiel wie ich dem Beispiel Christi!

Ausbilden wie Jesus
Wie hat Jesus Leiter ausgebildet?
- Fortschritt ✋
- Probleme ✋
- Pläne ✋
- Übung ✋
- Gebet ✋

–Lukas 6, 40–Der Jünger steht nicht über dem Meister; wenn er vollkommen ist, so ist er wie sein Meister.

Anleiten wie Jesus
Von wem sagte Jesus, dass er der größte Leiter sei? ✋
Wie sehen die sieben Qualitäten eines großen Leiters aus?
1. Große Leiter lieben die Menschen ✋
2. Große Leiter kennen ihre Mission ✋
3. Große Leiter dienen ihren Nachfolgern ✋
4. Große Leiter korrigieren freundlich ✋
5. Große Leiter kennen die aktuellen Probleme in ihrer Gruppe ✋
6. Große Leiter geben ein gutes Beispiel, dem man folgen kann ✋
7. Große Leiter wissen, dass sie gesegnet sind ✋

–Johannes 13, 14-15–Wenn nun ich, euer Herr und Meister, euch die Füße gewaschen habe, so sollt auch ihr euch untereinander die Füße waschen. Ein Beispiel habe ich euch gegeben, damit ihr tut, wie ich euch getan habe.

Stärke gewinnen
Welchen Persönlichkeitstyp hat Gott Ihnen gegeben?
  Soldat 🖐
  Suchender 🖐
  Hirte 🖐
  Sämann 🖐
  Sohn/Tochter 🖐
  Heiliger 🖐
  Diener 🖐
  Verwalter 🖐
Welchen Persönlichkeitstyp mag Gott am liebsten?
Welcher Persönlichkeitstyp gibt den besten Leiter ab?

> –Römer 12, 4-5– Denn wie wir an „einem" Leib viele Glieder haben, aber nicht alle Glieder dieselbe Aufgabe haben, So sind wir viele „ein" Leib in Christus, aber untereinander ist einer des andern Glied.

Warum gibt es acht verschiedene Arten von Menschen auf der Welt?

> –1. MOSE 1, 26–
> UND GOTT SPRACH: LASSET UNS MENSCHEN MACHEN, EIN BILD, DAS UNS GLEICH SEI,...

> –KOLOSSER 1, 15–
> ER (JESUS) IST DAS EBENBILD DES UNSICHTBAREN GOTTES, DER ERSTGEBORENE VOR ALLER SCHÖPFUNG.

„Der Mensch ist nach dem Bilde Gottes geschaffen. Wenn Sie das Bild des unsichtbaren Gottes sehen möchten, schauen Sie Jesus an. Selbst in unserem gefallenen Zustand spiegeln wir das wider, was Jesus ausmacht. Es gibt acht Bilder von Jesus in der Bibel, die uns helfen, zu erkennen, wie Jesus ist."

Wie ist Jesus?

SOLDAT

–MATTHÄUS 26, 53–
ODER MEINST DU, ICH KÖNNTE MEINEN VATER NICHT BITTEN, DASS ER MIR SOGLEICH MEHR ALS ZWÖLF LEGIONEN ENGEL SCHICKTE?

✋ Soldat
Ein Schwert ziehen.

SUCHENDER

–LUKAS 19, 10–
DENN DER MENSCHENSOHN IST GEKOMMEN, ZU SUCHEN UND SELIG ZU MACHEN, WAS VERLOREN IST.

✋ Suchender
Suchend umher schauen mit einer Hand oberhalb der Augen.

HIRTE

–JOHANNES 10, 11–
ICH BIN DER GUTE HIRTE. DER GUTE HIRTE LÄSST SEIN LEBEN FÜR DIE SCHAFE.

✋ Hirte
Die Arme zum Körper hin bewegen, so als ob man Menschen um sich versammelt.

SÄMANN

–MATTHÄUS 13, 37–
ER ANTWORTETE UND SPRACH ZU IHNEN: DER MENSCHENSOHN IST'S, DER DEN GUTEN SAMEN SÄT.

✋ Sämann
Saaten mit der Hand ausstreuen.

SOHN ODER TOCHTER

–LUKAS 9, 35–
UND ES GESCHAH EINE STIMME AUS DER WOLKE, DIE SPRACH: DIESER IST MEIN AUSERWÄHLTER SOHN; DEN SOLLT IHR HÖREN!

✋ Sohn
Die Hände zum Mund bewegen, so als ob man essen würde.

ERLÖSER/HEILIGER

–MARKUS 8, 31–
UND ER FING AN, SIE ZU LEHREN: DER MENSCHENSOHN MUSS VIEL LEIDEN UND VERWORFEN WERDEN VON DEN ÄLTESTEN UND HOHENPRIESTERN UND SCHRIFTGELEHRTEN UND GETÖTET WERDEN UND NACH DREI TAGEN AUFERSTEHEN..

„Wir sind dazu berufen, Heilige zu sein, die sein Erlösungswerk auf der Welt repräsentieren."

✋ Erlöser/Heiliger
Die Hände in der klassischen „Gebetshaltung" falten.

DIENER

–JOHANNES 13, 14-15–
WENN NUN ICH, EUER HERR UND MEISTER, EUCH DIE FÜSSE GEWASCHEN HABE, SO SOLLT AUCH IHR EUCH UNTEREINANDER DIE FÜSSE WASCHEN. EIN BEISPIEL HABE ICH EUCH GEGEBEN, DAMIT IHR TUT, WIE ICH EUCH GETAN HABE.

✋ Diener
Einen Hammer führen.

VERWALTER

–LUKAS 6, 38–
GEBT, SO WIRD EUCH GEGEBEN. EIN VOLLES, GEDRÜCKTES, GERÜTTELTES UND ÜBERFLIESSENDES MASS WIRD MAN IN EUREN SCHOSS GEBEN; DENN EBEN MIT DEM MASS, MIT DEM IHR MESST, WIRD MAN EUCH WIEDER MESSEN.

✋ Verwalter
Geld aus der Hemdtasche oder dem Portemonnaie nehmen.

Welche drei Wahlmöglichkeiten haben wir, wenn ein Konflikt entsteht?

WEGRENNEN (FLEISCHLICHE REAKTION)

„Unterschiedliche Persönlichkeiten haben unterschiedliche Ideen und Arten, Aufgaben auszuführen. Menschen aus dem direkt

gegenüber liegenden Kreisdiagramm streiten normalerweise in der Zusammenarbeit am meisten miteinander. Sie tun sich oft schwer damit, den anderen zu verstehen.

Der Sämann möchte z. B. Geld und Zeit investieren, um Wachstum bei den Menschen zu sehen, aber der Verwalter möchte Geld und Zeit sparen, damit die Mission weitergehen kann. Gute Entscheidungen benötigen beide Standpunkte. Den einen mehr als den anderen zu betonen, führt zu Konkurrenzkampf und schlechtem Urteilsvermögen.

Für die meisten Menschen ist der Umgang mit Konflikt schwierig und die beiden Parteien kommen an dem Punkt an, wo sie nicht mehr miteinander kommunizieren. Aus Angst vor mehr Konflikten und Verletzungen halten wir uns von der anderen Person fern. ‚Besser Vorsicht als Nachsicht' wird zu unserem Motto.

In dieser Situation streiten die Menschen miteinander, laufen weg und verstecken sich voreinander."

✋ Die Fäuste zusammenhalten, voneinander weg bewegen und hinter den Rücken bringen.

SICH BEKÄMPFEN (FLEISCHLICHE REAKTION)

„Manchmal gehen die Menschen einem Konflikt nicht aus dem Weg, sondern feinden die andere Person offen an. Wir fühlen und verletzt oder falsch verstanden und wollen, dass die andere Person dafür ‚bezahlt', was sie uns angetan hat. Wir kämpfen unter Umständen mit Worten, Haltungen oder Fäusten. Es entsteht immer eine Verschärfung des Konflikts.

Ein Suchender möchte z. B. Neue Erfahrungen und Möglichkeiten, während ein Heiliger möchte, dass die Gruppe auf einem festen Fundament stehen bleibt. Im Leib Christi brauchen wir beides. Zwei Gruppen, die sowohl ‚neu' als auch ‚alt' zusammen ausprobieren, können herausfordernd sein.

Vor allem Lobpreisstile scheinen sehr anfällig für dieses Problem zu sein. Die Gruppen beharren auf ihrem Stil und belächeln andere Gruppen mit einem anderen Stil. Worte, Haltungen und Taten richten sich gegeneinander und die Einheit leidet.

In dieser Situation streiten wir und bekämpfen uns gegenseitig."

🖐 Die Fäuste zusammenhalten und gegeneinander schlagen.

MIT GOTTES GEIST EINEN WEG FINDEN, UM ZUSAMMENZUARBEITEN (GEISTLICHE REAKTION)

„Der Heilige Geist leitet die dritte Art von Reaktion an. Wenn wir erkennen, dass wir in unserem Fleisch dazu neigen, zu fliehen oder zu kämpfen, wenn es zu Konflikten kommt, können wir nachfragen und uns auf den Geist verlassen, damit wir einen Weg finden können, zusammenzuarbeiten. Wir glauben, dass Lösungen, die aus dem gesamten Leib Christi kommen, besser sind. Die dritte Art der Reaktion erfordert Kommunikation, Vertrauen und vor allem Liebe."

„Ein Soldat z. B. Möchte, dass die Gemeinde organisiert ist und mit Gottes Mission befasst. Ein Sohn oder eine Tochter andererseits möchte, dass die Gemeinde eine heilende Familie darstellt. Der Soldat konzentriert sich auf die Aufgabe; der Sohn oder die Tochter konzentriert sich auf Beziehungen. Wenn sie

sich im Geist vereinigen, finden sie einen Weg, die Mission auszuführen und jedem das Gefühl zu geben, ‚ein Teil des Teams' zu sein. Wir arbeiten, arbeiten und arbeiten – aber wir spielen, spielen und spielen auch.

In dieser Situation finden wir einen Weg, uns mit Christus zu verbinden und auf sein Reich hinzuarbeiten."

> 🖐 Die Fäuste zusammenhalten, die Fäuste lösen und Finger verschränken, die Hände hoch und tief bewegen, so als ob sie zusammenarbeiten würden.

Merkvers

–GALATER 2, 20–
ICH LEBE, DOCH NUN NICHT ICH, SONDERN CHRISTUS LEBT IN MIR. DENN WAS ICH JETZT LEBE IM FLEISCH, DAS LEBE ICH IM GLAUBEN AN DEN SOHN GOTTES, DER MICH GELIEBT HAT UND SICH SELBST FÜR MICH DAHINGEGEBEN.

- Alle sagen im Stehen den Merkvers zehnmal gemeinsam. Die ersten sechsmal kann die Bibel oder Notizen zur Hilfe genommen werden. Die letzten viermal wird der Vers auswendig gesagt. Sagen Sie jedes Mal die Bibelstelle, bevor der Vers selbst aufgesagt wird und setzen Sie sich wieder, wenn Sie fertig sind.
- Diesem Ablauf zu folgen, wird den Ausbildern helfen, zu erkennen, welche Teams die Lektion im „Übungs"-Teil abgeschlossen haben.

ÜBUNG

Schauspielwettbewerb ✎

- Teilen Sie die Leiter in zwei Gruppen mit je mindestens acht Mitgliedern auf. Erklären Sie den Leitern, dass Sie einen Schauspielwettbewerb mit Preisen für die Gewinner organisieren. Sie geben den ersten Preis dem Team, das am lustigsten und nahe am echten Leben spielt.
- Jedes Gruppenmitglied wählt ein Bild von Christus aus, das dargestellt wird. Die Leiter sollten ein Bild auswählen, das nicht ihrer eigenen Persönlichkeit entspricht. Wenn jemand z. B. Den Persönlichkeitstyp eines „Soldaten" besitzt, sollte er oder sie ein anderes Bild von Christus wählen, um es im Schauspiel darzustellen, anstatt den „Soldaten".
- Das Stück, das sie aufführen werden, ist ein „Gruppenmeeting zur Gründung neuer Gemeinden in einem Nachbarbezirk". Die Schauspielmitglieder sollten ihre Rolle nur im Konflikt miteinander spielen (fleischlicher Ansatz). Niemand wählt den geistlichen Ansatz.
- Sie haben 5 Minuten, um ihr Stück der Gruppe zu zeigen. Ermutigen Sie sie, es ruhig zu „übertreiben", so dass jeder gleich erkennt, welche Rolle sie spielen.
- Geben Sie den Leitern genügend Zeit, ihr Stück zu üben (mindestens 20 Minuten).
- Beginnen Sie den Wettbewerb. Am Ende der Vorstellung jeder Gruppe, gehen Sie im Kreis der Schauspieler umher und schauen, ob die Leiter einschätzen können, welche Rolle jeder gespielt hat. Setzen Sie die Gruppe auf den „ersten Platz", die am humorvollsten und nahe am echten Leben geschauspielert hat. Ideen für Preise: Traktate, Lobpreis-CD, Süßigkeiten etc.

- Nachdem die Gruppen geschauspielert haben, bitten Sie jede Gruppe, ein paar „Stars" aus der eigenen Gruppe herauszusuchen. Bitten Sie die „Stars" aus jeder Gruppe, eine neue Gruppe zu bilden und lassen Sie sie das Stück nochmals als ein neu gebildetes „Star"-Schauspielteam aufführen.

Eine häufige Frage

Wo liegt der Unterschied zwischen den acht Bildern von Christus und den Geistesgaben?

Gott hat die Menschen nach seinem Bilde erschaffen, und wenn man das Bild des unsichtbaren Gottes sehen möchte, rät uns die Bibel, auf Jesus zu schauen. Die acht Bilder zeigen, wie die Menschen „verdrahtet" sind, sowohl Gläubige als auch Nichtgläubige. Die acht Bilder als Rahmen für geistliches Wachstum zu verwenden, richtet sich an ein Problem mit dem Vorhandensein von Geistesgaben. Wie kann ein Nichtgläubiger Geistesgaben ergreifen und entdecken, dass er diese überhaupt besitzt, wenn er oder sie überhaupt nicht an Gott glaubt?

Die acht Bilder von Christus sind wie „Eimer", in welche die Geistesgaben hineingegossen und freigesetzt werden. Ein Hirte kann die Geistesgabe der Barmherzigkeit haben oder der Auferbauung oder des Gebens, wie es dem Geist gefällt. Wir haben festgestellt, dass manche Geistesgaben sich bei bestimmten Bildern von Christus öfter finden. Die Gabe des Dienens z. B. Und das Bild des Dieners gehören oft zusammen.

6

Das Evangelium mitteilen

Wie können Menschen zum Glauben kommen, wenn sie das Evangelium noch nie gehört haben? Leider teilen die Nachfolger Jesu das Evangelium nicht immer mit, damit die Menschen glauben können. Ein Grund liegt darin, dass sie nie gelernt haben, das Evangelium mitzuteilen. Ein weiterer Grund ist, dass sie mit ihrem Alltagstrott beschäftigt sind und es vergessen. In der Lektion „Das Evangelium mitteilen" lernen die Leiter, wie sie ein „Evangeliums-Armband" anfertigen, das sie an ihre Freunde und Verwandte weitergeben können. Das Armband erinnert uns daran, anderen etwas weiterzugeben und ist ein guter Einstieg in ein Gespräch. Die Farben des Armbandes erinnern uns daran, wie wir das Evangelium Menschen mitteilen können, die nach Gott suchen.

Das Evangeliums-Armband zeigt, wie wir Gottes Familie verlassen haben. Am Anfang war Gott – die goldene Perle. Der Heilige Geist erschuf eine perfekte Welt mit Himmel und Meeren

– die blaue Perle. Er erschuf den Menschen und setzte ihn in den schönen Garten Eden – die grüne Perle. Der erste Mann und die erste Frau waren ungehorsam gegenüber Gott und brachten Sünde und Leid in die Welt – die schwarze Perle. Gott sandte seinen einzigen Sohn in die Welt und er führte ein perfektes Leben – die weiße Perle. Jesus bezahlte für unsere Sünden mit seinem Tod am Kreuz – die rote Perle.

Das Evangeliums-Armband zeigt uns, wie wir wieder in Gottes Familie zurückkehren können, indem wir die Reihenfolge umkehren. Gott sagte, dass jedem, der daran glaubt, dass Jesus für ihn oder sie am Kreuz gestorben ist – die rote Perle – und dass Jesus der Sohn Gottes ist – die weiße Perle – die Sünden vergeben sind – die schwarze Perle. Gott nimmt uns wieder in seine Familie auf und wir werden immer mehr wie Jesus – die grüne Perle. Gott gibt uns seinen Heiligen Geist – die blaue Perle – und verspricht, dass wir bei ihm im Himmel sein werden, wo die Straßen aus Gold sind, wenn wir sterben – die goldene Perle.

Die Lektion endet damit, dass gezeigt wird, dass Jesus der einzige Weg zu Gott ist. Niemand ist klug, gut, stark oder liebevoll genug, um durch sich selbst zu Gott zu kommen. Jesus ist der einzige Weg, den Menschen beschreiten können, um zu Gott zu kommen. Jesus nachzufolgen, ist die einzige Wahrheit, welche die Menschen von ihren Sünden befreit. Nur Jesus kann ewiges Leben schenken aufgrund seines Todes am Kreuz.

LOBPREIS

- Singen Sie zwei Lobpreislieder zusammen. Bitten Sie einen Leiter, für diese Einheit zu beten.

Weiterer Verlauf

- Bitten Sie einen weiteren Leiter im Kurs ein kurzes Zeugnis zu geben (drei Minuten) wie Gott seine oder ihre Gruppe gesegnet hat. Nachdem der Leiter in Zeugnis abgegeben hat, bitten Sie die Gruppe, für ihn oder sie zu beten.

Problem

„Viele Gläubige tun sich schwer damit, das Evangelium weiterzugeben. Sie fragen: ‚Wem soll ich es mitteilen?' und ‚Was soll ich sagen?' Die Gläubigen sind oft sehr beschäftigt und erkennen nicht, wenn Gott im Leben eines anderen Menschen wirkt, um ihn oder sie zum Glauben zu bringen."

Plan

„In dieser Lektion wiederholen wir einen einfachen Weg, das Evangelium mitzuteilen, üben das Weitergeben und fertigen ein ‚Evangeliums-Armband' an, das uns daran erinnert, das Evangelium weiterzugeben."

Wiederholung

Willkommen
Wer baut die Gemeinde auf?
Warum ist das wichtig?
Wie baut Jesus seine Gemeinde auf?
Stark in Gott verwurzelt sein ✋
Das Evangelium mitteilen ✋
Jünger ausbilden ✋

Gruppen und Gemeinden initiieren 👋
Leiter ausbilden 👋

–I. Korinther 11, 1–Folgt meinem Beispiel wie ich dem Beispiel Christi!

Ausbilden wie Jesus
Wie hat Jesus Leiter ausgebildet?
Fortschritt 👋
Probleme 👋
Pläne 👋
Übung 👋
Gebet 👋

–Lukas 6, 40–Der Jünger steht nicht über dem Meister; wenn er vollkommen ist, so ist er wie sein Meister.

Anleiten wie Jesus
Von wem sagte Jesus, dass er der größte Leiter sei? 👋
Wie sehen die sieben Qualitäten eines großen Leiters aus?
1. Große Leiter lieben die Menschen 👋
2. Große Leiter kennen ihre Mission 👋
3. Große Leiter dienen ihren Nachfolgern 👋
4. Große Leiter korrigieren freundlich 👋
5. Große Leiter kennen die aktuellen Probleme in ihrer Gruppe 👋
6. Große Leiter geben ein gutes Beispiel, dem man folgen kann 👋
7. Große Leiter wissen, dass sie gesegnet sind 👋

–Johannes 13, 14-15–Wenn nun ich, euer Herr und Meister, euch die Füße gewaschen habe, so sollt auch ihr euch untereinander die Füße waschen. Ein Beispiel habe ich euch gegeben, damit ihr tut, wie ich euch getan habe.

Stärke gewinnen

Welchen Persönlichkeitstyp hat Gott Ihnen gegeben?
- Soldat 🖐
- Suchender 🖐
- Hirte 🖐
- Sämann 🖐
- Sohn/Tochter 🖐
- Heiliger 🖐
- Diener 🖐
- Verwalter 🖐

Welchen Persönlichkeitstyp mag Gott am liebsten?
Welcher Persönlichkeitstyp gibt den besten Leiter ab?

> –Römer 12, 4-5– Denn wie wir an „einem" Leib viele Glieder haben, aber nicht alle Glieder dieselbe Aufgabe haben, so sind wir viele „ein" Leib in Christus, aber untereinander ist einer des andern Glied.

Zusammen stärker

Warum gibt es acht Arten von Menschen auf der Welt?
Wie ist Jesus?
- Soldat 🖐
- Suchender 🖐
- Hirte 🖐
- Sämann 🖐
- Sohn/Tochter 🖐
- Erlöser/Heiliger 🖐
- Diener 🖐
- Verwalter 🖐

Welche drei Wahlmöglichkeiten haben wir, wenn Konflikte entstehen?
- Weglaufen 🖐
- Sich bekämpfen 🖐
- Mit Gottes Geist einen Weg finden, Zusammenzuarbeiten 🖐

–Galater 2, 20–Ich lebe, doch nun nicht ich, sondern Christus lebt in mir. Denn was ich jetzt lebe im Fleisch, das lebe ich im Glauben an den Sohn Gottes, der mich geliebt hat und sich selbst für mich dahingegeben.

Wie kann ich das einfache Evangelium mitteilen?

–Lukas 24, 1-7–
Aber am ersten Tag der Woche sehr früh kamen sie zum Grab und trugen bei sich die wohlriechenden Öle, die sie bereitet hatten.
Sie fanden aber den Stein weggewälzt von dem Grab
Und gingen hinein und fanden den Leib des Herrn Jesus nicht.
Und als sie darüber bekümmert waren, siehe, da traten zu ihnen zwei Männer mit glänzenden Kleidern.
Sie aber erschraken und neigten ihr Angesicht zur Erde. Da sprachen die zu ihnen: Was sucht ihr den Lebenden bei den Toten?
Er ist nicht hier, er ist auferstanden. Gedenkt daran, wie er euch gesagt hat, als er noch in Galiläa war:
Der Menschensohn muss überantwortet werden in die Hände der Sünder und gekreuzigt werden und am dritten Tage auferstehen.

- Nachdem die Leiter die Bibelstelle vorgelesen haben, teilen Sie folgendes an jeden Teilnehmer aus:

    1. Eine goldene, blaue, grüne, schwarze, weiße und rote Perle
    2. Ein ca. 30 cm langes Stück Leder oder Schnur

- Erklären Sie, wie das „Evangeliums-Armband" gemacht wird. Fangen Sie damit an, einen Knoten in der Mitte der Schnur zu machen, damit die Perlen an Ort und Stelle gehalten werden. Fädeln Sie jede Perle auf das Armband, während sie die Bedeutung erklären.

GOLDENE PERLE

„Am Anfang war nur Gott."

BLAUE PERLE

„Dann hat Gottes Geist alles erschaffen auf der Welt, einschließlich der Meere und dem Himmel."

GRÜNE PERLE

„Gott machte einen wunderschönen Garten, er schuf den Menschen und setzte ihn in Gottes Familie ein."

SCHWARZE PERLE

„Leider waren die Menschen ungehorsam gegenüber Gott und brachten Sünde und Leid in die Welt. Aufgrund dieser Rebellion musste der Mensch den Garten und Gottes Familie verlassen."

WEISSE PERLE

„Gott liebte den Menschen trotzdem immer noch sehr, also sandte er Jesus, seinen Sohn, in die Welt. Jesus führte ein perfektes Leben und gehorchte Gott in allem."

ROTE PERLE

„Jesus starb am Kreuz für unsere Sünden und wurde begraben."

- An dieser Stelle fügen die Leiter keine Perlen mehr zum Evangeliums-Armband hinzu, sondern binden einen Knoten, um die Perlen an Ort und Stelle zu halten. Fangen Sie mit dem nächsten Abschnitt an, indem Sie auf die rote Perle deuten und sich wieder zurück arbeiten bis Sie bei der goldenen Perle ankommen.

ROTE PERLE

„Gott sah Jesu Opfer für unsere Sünden und nahm es an. Er erweckte Jesus aus dem Grab auf nach drei Tagen, um der Welt zu zeigen, dass Jesus der einzige Weg zurück zu Gott ist."

WEISSE PERLE

„Alle, die glauben, dass Jesus Gottes Sohn ist und den Preis für unsere Sünden bezahlt hat…"

SCHWARZE PERLE

„Und alle, die ihre Sünden bereuen und Jesus bitten, ihnen zu helfen..."

GRÜNE PERLE

„...denen vergibt Gott und heißt sie in seiner Familie wieder willkommen, so wie es im ersten Garten der Fall war."

BLAUE PERLE

„Gott legt seinen Geist in sie hinein und erschafft einen neuen Menschen, so wie er die ganze Welt erschaffen hat am Anfang."

GOLDENE PERLE

„Schließlich werden alle, die auf Jesus vertrauen, eines Tages die Ewigkeit mit Gott verbringen. Sie werden mit anderen Gläubigen in einer Stadt aus purem Gold leben.

Ich mag dieses Armband, denn es erinnert mich daran, wo ich war und wo ich hingehen werde. Das Evangeliums-Armband erinnert mich auch daran, wie Gott mir meine Sünden vergeben und mein Leben verändert hat.

Seid ihr bereit, zurück in Gottes Familie zu kommen? Lasst uns zusammen beten und Gott sagen, dass ihr glaubt, er hat die Welt erschaffen und seinen Sohn gesandt, um für eure Sünden zu sterben. Bereut eure Sünden, bittet um Vergebung, und Gott wird euch wieder in seiner Familie aufnehmen."

- Lassen Sie sich einen Moment Zeit, um sicher zu gehen, dass alle Leiter im Kurs gläubig sind. Nachdem Sie das Evangeliums-Armband erläutert haben, fragen Sie, ob alle bereit sind, in Gottes Familie zurückzukehren.

Warum brauchen wir Jesu Hilfe?

1. Niemand ist klug genug, um zu Gott zurückzukehren.

   –JESAJA 55, 9–
   SONDERN SO VIEL DER HIMMEL HÖHER IST ALS DIE ERDE, SO SIND AUCH MEINE WEGE HÖHER ALS EURE WEGE UND MEINE GEDANKEN ALS EURE GEDANKEN.

„Einige Menschen glauben, dass es viele Wege zu Gott gibt. Sie basteln ausgetüftelte Theorien, um zu erklären, warum Jesus nicht der einzige Weg zurück zu Gott sein kann. Gottes Gedanken jedoch lassen die Gedanken der Menschen begrenzt erscheinen. Wenn Gott sagt, dass Jesus der einzige Weg, die Wahrheit und das Leben ist, wem werdet ihr glauben?"

> 🖐 Niemand ist klug genug
> Mit beiden Zeigefingern seitlich an den Kopf zeigen und den Kopf schütteln für „nein".

2. Niemand gibt genug, um zur Gott zurückzukehren.

   –JESAJA 64, 6–
   NIEMAND RUFT DEINEN NAMEN AN ODER MACHT SICH AUF, DASS ER SICH AN DICH HALTE; DENN DU HAST DEIN ANGESICHT VOR UNS VERBORGEN UND LÄSST UNS VERGEHEN UNTER DER GEWALT UNSRER SCHULD.

„Einige Menschen glauben, sie könnten ewiges Leben empfangen, wenn sie den Armen Geld geben. Sie glauben, Gott sieht ihre guten Taten und lässt sie in den Himmel. Unsere besten Taten sind jedoch wie schmutzige Lumpen im Vergleich zu dem, was Gott getan hat. Er gab seinen einzigen Sohn für uns, als Jesus am Kreuz für unsere Sünden starb. Gott nimmt nur diese gute Tat zu unserer Errettung an."

> **Niemand gibt genug**
> So tun, als ob man eine Menge Geld aus der Hemdtasche oder dem Portemonnaie nimmt und den Kopf schütteln für „nein".

3. Niemand ist stark genug, um zu Gott zurückzukehren.

–RÖMER 7, 18–
DENN ICH WEISS, DASS IN MIR, DAS HEISST IN MEINEM FLEISCH, NICHTS GUTES WOHNT. WOLLEN HABE ICH WOHL, ABER DAS GUTE VOLLBRINGEN KANN ICH NICHT.

Andere Menschen glauben, der Weg zu Gott besteht in Selbstverleugnung. Sie üben sich in Meditation, Fasten und entsagen der Welt. Sie glauben, ein Mensch erreicht Errettung, indem er sein Verlangen kontrolliert. Ein Mensch müsste sich nur auf seine eigene Kraft verlassen. Ein Ertrinkender hat nicht die Kraft, sich selbst zu retten. Er braucht Hilfe. Jesus ist der Einzige, der stark genug ist, ein perfektes Leben zu führen. Wir kehren zurück zu Gott, wenn wir uns auf Jesu Stärke verlassen und nicht auf unsere eigenen Anstrengungen."

> **Niemand ist stark genug**
> Beide Arme in einer Pose wie ein „starker Mann" hochhalten und den Kopf schütteln für „nein".

4. Niemand ist gut genug, um zu Gott zurückzukehren.

—RÖMER 3, 23—
SIE SIND ALLESAMT SÜNDER UND ERMANGELN DES RUHMES, DEN SIE BEI GOTT HABEN SOLLTEN.

„Die letzte Gruppe von Menschen glaubt, dass sie zu Gott zurückkehren könnten, weil ihre guten Taten ihre bösen Taten überwiegen. Sie sind sich sicher, dass sie mehr Gutes getan und Gottes Gunst erlangt haben. Sie rechtfertigen sich selbst und sagen: „Ich habe noch nie so etwas schlechtes getan wie die Person da drüben." Gott wird über uns alle richten, jedoch vor dem Hintergrund des perfekten Lebens von Jesus. Im Vergleich mit Jesus versagen wir alle. Nur Jesu Opfer war gut genug für Gott, um es anzunehmen. Nur Jesus ist gut genug, um uns wieder in Gottes Familie zurückzubringen. Wir müssen seiner Güte vertrauen und nicht unserer eigenen."

> 🖐 Niemand ist gut genug
> Hände wie Waagschalen halten und diese hoch und tief bewegen, dabei den Kopf schütteln für „nein".

Merkvers

—JOHANNES 14, 6—
JESUS SPRICHT ZU IHM: ICH BIN DER WEG UND DIE WAHRHEIT UND DAS LEBEN; NIEMAND KOMMT ZUM VATER DENN DURCH MICH.

- Alle sagen im Stehen den Merkvers zehnmal gemeinsam. Die ersten sechsmal kann die Bibel oder Notizen zur Hilfe genommen werden. Die letzten viermal wird der Vers auswendig gesagt. Sagen Sie jedes Mal die Bibelstelle,

bevor der Vers selbst aufgesagt wird und setzen Sie sich wieder, wenn Sie fertig sind.
- Diesem Ablauf zu folgen, wird den Ausbildern helfen, zu erkennen, welche Teams die Lektion im „Übungs"-Teil abgeschlossen haben.

ÜBUNG

- Teilen Sie die Leiter in Vierergruppen auf.

„Jetzt werden wir denselben Trainingsprozess einsetzen, den Jesus anwandte, um zu üben, was wir in dieser Leiterschaftslektion gelernt haben."

- Führen Sie die Leiter Schritt für Schritt durch den Trainingsprozess, geben Sie ihnen 7-8 Minuten, um jeden der folgenden Abschnitte zu besprechen.

WEITERER VERLAUF

„Erzählt eurer Gruppe ein kurzes Zeugnis über jemanden, der vor kurzem ein Nachfolger Christi wurde."

PROBLEME

„Teilt eurer Gruppe mit, wo eure Schwierigkeiten liegen, das Evangelium mitzuteilen."

PLÄNE

„Nennt die Namen von fünf Menschen, denen ihr das Evangelium in den nächsten 30 Tagen weitersagen werdet."

- Alle sollten die Pläne ihrer Partner notieren, um später dafür beten zu können.

ÜBUNG

- unter Verwendung des „Evangeliums-Armbandes" als Führung sollte jeder Leiter abwechselnd üben, seiner Kleingruppe das Evangelium weiterzugeben.
- Alle Gruppemitglieder stehen auf und sagen den Merkvers zehnmal gemeinsam auf.

GEBET

„Nehmt euch Zeit, für die Namensliste eurer Gruppe von Menschen zu beten, die noch in Gottes Familie zurückkehren müssen."

ABSCHLUSS

Die Kraft der Ausbildung von Trainern

Schreiben Sie die folgende Tabelle vor der Einheit auf ein Flipchart oder Poster. Recherchieren Sie vor der Einheit die Statistiken, aber lassen Sie die Leiter ihre Einschätzungen abgeben. Diese Debatte sollte aktive

Diskussionen fördern über die korrekte Anzahl und die Zahlen den Teilnehmern auch „reeller" erscheinen lassen.

Gesamtbevölkerung		Neue Gemeindegründungen	
Ungläubige insgesamt		Durchschnittliche Gemeindegröße	
Gläubige insgesamt		Gemeinden insgesamt	
2% Zielerreichung		Gemeindeziel	

„Ich möchte euch zeigen, warum Ausbildungsbäume wichtig sind. Lasst uns die folgende Tabelle zusammen ausfüllen."

[Die genannte Statistik für diese Volksgruppe in der Illustration ist nur ein Beispiel. Wenn alle Leiter aus derselben Volksgruppe kommen, verwenden Sie deren Volksgruppe für die Statistik. Wenn sie aus unterschiedlichen Volksgruppen stammen, verwenden Sie die Zahlen von Provinzen, Staaten oder Ländern.]

Gesamtbe-völkerung	2,000,000	Neue Gemeindegründungen	10
Ungläubige insgesamt	1,995,000	Durchschnittliche Gemeindegröße	50
Gläubige insgesamt	5,000	Gemeinden insgesamt	100
2% Zielerreichung	40,000	Gemeindeziel	800

„Unsere Volksgruppe hat eine Gesamtbevölkerung von 2.000.000 Menschen. Wir schätzen, dass es 5.000 Gläubige gibt, was bedeutet, dass 1.995.000 Menschen Jesus nicht nachfolgen. Das Ziel besteht darin, mindestens 2% der Bevölkerung mit Jesus zu erreichen, d.h. 40.000 Menschen. Wir haben noch einen weiten Weg vor uns!

Durchschnittlich wird eine bestehende Gemeinde alle 10 Jahre eine neue Gemeinde gründen. Die durchschnittliche Gemeindegröße weltweit liegt bei 50 Menschen, wir schätzen, dass es etwa 100 Gemeinden in unserer Volksgruppe gibt (5.000/50). Unser Ziel ist es, 40.000 Menschen zu erreichen, also müssen wir noch 700 Gemeinden gründen. Diese Zahlen sind nur geschätzt, helfen aber dabei, ein Bild dessen zu zeichnen, was in unserer Volksgruppe vor sich geht.

Die herkömmliche Durchschnittsgemeinde braucht zehn Jahre, um eine weitere Gemeinde zu gründen, also verdoppeln wir die Anzahl der Gemeinden alle zehn Jahre. Unser Ziel bei der Gesamtzahl an Gemeinden liegt bei 800 (40.000/50). Einige Gemeinden werden sehr viel größer sein als 50 Teilnehmer, viele Gemeinden aber werden kleiner sein, somit ist dies eine gute Schätzung. Lasst uns nun zwei unterschiedliche Wege vergleichen, um dieses Ziel zu erreichen."

Gründungen traditioneller Gemeinden	Jahre	Ausbildung von Leitern	Jahre
100		5,000	
200	10	10,000	1
400	20	20,000	2
800	30	40,000	3

„Wie ihr sehen könnt, können wir unser Ziel in drei Jahren erreichen, wenn wir uns auf die Ausbildung von Leitern konzentrieren. Wir haben derzeit 5.000 Gläubige. Wenn jeder das Evangelium weitersagt, einen Menschen zu Christus führt, als Leiter in einer Gruppe ausbildet und beibringt, wie man dasselbe wieder tut, würden wir jedes Jahr das Doppelte erreichen und nach drei Jahren bei 40.000 Gläubigen ankommen.

Wenn wir uns nur auf die traditionelle Weise der Gemeindegründung verlassen, erreichen wir unser Ziel in 30 Jahren. Wir haben derzeit 100 Gemeinden und wenn diese sich alle 10 Jahre verdoppeln, haben wir 800 Gemeinden in 30 Jahren.

Es liegt ein großer Unterschied zwischen drei und 30 Jahren!

Ein verbreitetes Problem bei Gemeinden ist, dass sie keinen Prozess verwenden, um Menschen zu Leitern auszubilden. Demzufolge gibt es nur wenige Leiter, die bei der Gründung neuer Gemeinden oder Gruppen helfen könnten. Wenn wir ausbilden wie Jesus, lost es dieses Problem auf einfache, aber kraftvolle Weise."

Mein Jesus-Plan

- Bitten Sie die Leiter, ihren Teilnehmer-Leitfaden weiter hinten aufzuschlagen, wo sie den „Jesus-Plan" sehen. Erklären Sie, dass die Leiter ihren Jesus-Plan der Gruppe am Ende des Kurses mitteilen werden. Danach beten die Leiter um Gottes Segen für ihre Familien, Dienste und Pläne.

„Ihr seht einen freien Platz im Pfeil, wo ihr die demographischen Werte für eure Volksgruppe eintragen könnt. Nehmt euch kurz Zeit, zu beten, und füllt die freie Stelle so gut aus, wie ihr könnt. Ihr könnt sie später immer noch ändern, wenn ihr fundiertere Informationen erhaltet."

7

Jünger ausbilden

Ein guter Leiter hat immer einen guten Plan. Jesus gab den Jüngern einen einfachen, aber kraftvollen Plan für ihre Dienste in Lukas 10: bereitet eure Herzen vor, findet friedvolle Menschen, teilt die gute Nachricht mit und bewertet die Ergebnisse. Jesus hat uns einen guten Plan zur Nachfolge gegeben.

Ob wir nun einen Dienst in einer Gemeinde oder einer Kleingruppe starten, die Schritte im Jesus-Plan werden uns helfen, unnötige Fehler zu vermeiden. Diese Lektion zeigt den Leitern, wie sie sich gegenseitig unterrichten bei ihrem persönlichen Jesus-Plan. Sie fangen auch an, an der Präsentation ihres Jesus-Plans in der Gruppe zu arbeiten.

LOBPREIS

- Singen Sie zwei Lobpreislieder zusammen. Bitten Sie einen Leiter, für diese Einheit zu beten.

WEITERER VERLAUF

- Bitten Sie einen weiteren Leiter im Kurs ein kurzes Zeugnis zu geben (drei Minuten) wie Gott seine oder ihre Gruppe gesegnet hat. Nachdem der Leiter in Zeugnis abgegeben hat, bitten Sie die Gruppe, für ihn oder sie zu beten.
- Wahlweise spielen Sie beispielhaft eine Übungszeit mit einem Leiter durch und verwenden die Abschnitte „Fortschritt, Probleme, Plan, Übung, Gebet" des Ausbildungsprozesses für Trainer.

PROBLEM

„Wenn wir beim Planen versagen, planen wir schon zu versagen. Einen einfachen, strategischen Plan zu entwerfen, kann schwierig sein. Viele Leiter verbringen die meiste Zeit damit, auf Probleme zu reagieren, anstatt einem klaren Kurs für die Zukunft zu folgen."

PLAN

„Jesus kam, um die Verlorenen zu suchen und zu finden, und wenn wir ihm nachfolgen, werden wir dasselbe tun. Er gab den Jüngern einen klaren Plan, den wir bei unserer Mission auch anwenden können."

Wiederholung

Willkommen
    Wer baut die Gemeinde auf?
    Warum ist das wichtig?
    Wie baut Jesus seine Gemeinde auf?
        Stark in Gott verwurzelt sein ✋
        Das Evangelium mitteilen ✋
        Jünger ausbilden ✋
        Gruppen und Gemeinden initiieren ✋
        Leiter ausbilden ✋

        –I. Korinther 11, 1–Folgt meinem Beispiel wie ich dem Beispiel Christi!

Ausbilden wie Jesus
    Wie hat Jesus Leiter ausgebildet?
        Fortschritt ✋
        Probleme ✋
        Pläne ✋
        Übung ✋
        Gebet ✋

        –Lukas 6, 40–Der Jünger steht nicht über dem Meister; wenn er vollkommen ist, so ist er wie sein Meister.

Anleiten wie Jesus
    Von wem sagte Jesus, dass er der größte Leiter sei? ✋
    Wie sehen die sieben Qualitäten eines großen Leiters aus?
        1. Große Leiter lieben die Menschen ✋
        2. Große Leiter kennen ihre Mission ✋
        3. Große Leiter dienen ihren Nachfolgern ✋
        4. Große Leiter korrigieren freundlich ✋
        5. Große Leiter kennen die aktuellen Probleme in ihrer Gruppe ✋

6. Große Leiter geben ein gutes Beispiel, dem man folgen kann 🖐
7. Große Leiter wissen, dass sie gesegnet sind 🖐

–johannes 13, 14-15–wenn nun ich, euer herr und meister, euch die füße gewaschen habe, so sollt auch ihr euch untereinander die füße waschen. Ein Beispiel habe ich euch gegeben, damit ihr tut, wie ich euch getan habe.

Stärke gewinnen
Welchen Persönlichkeitstyp hat Gott Ihnen gegeben?
Soldat 🖐
Suchender 🖐
Hirte 🖐
Sämann 🖐
Sohn/Tochter 🖐
Heiliger 🖐
Diener 🖐
Verwalter 🖐
Welchen Persönlichkeitstyp mag Gott am liebsten?
Welcher Persönlichkeitstyp gibt den besten Leiter ab?

–Römer 12, 4-5–Denn wie wir an „einem" Leib viele Glieder haben, aber nicht alle Glieder dieselbe Aufgabe haben, so sind wir viele „ein" Leib in Christus, aber untereinander ist einer des andern Glied.

Zusammen stärker
Warum gibt es acht Arten von Menschen auf der Welt?
Wie ist Jesus?
Soldat 🖐
Suchender 🖐
Hirte 🖐
Sämann 🖐

Sohn/Tochter
Erlöser/Heiliger
Diener
Verwalter
Welche drei Wahlmöglichkeiten haben wir, wenn Konflikte entstehen?
Weglaufen
Sich bekämpfen
Mit Gottes Geist einen Weg finden, Zusammenzuarbeiten

–Galater 2, 20–Ich lebe, doch nun nicht ich, sondern Christus lebt in mir. Denn was ich jetzt lebe im Fleisch, das lebe ich im Glauben an den Sohn Gottes, der mich geliebt hat und sich selbst für mich dahingegeben

Das Evangelium mitteilen
Wie kann ich das einfache Evangelium mitteilen?
Golden Perle
Blaue Perle
Grüne Perle
Schwarze Perle
Weiße Perle
Rote Perle
Warum brauchen wir Jesu Hilfe?
Niemand ist klug genug, um zu Gott zurückzukehren.
Niemand kann genug geben, um zu Gott zurückzukehren.
Niemand ist stark genug, um zu Gott zurückzukehren.
Niemand ist gut genug, um zu Gott zurückzukehren.

–Johannes 14, 6–Jesus spricht zu ihm: Ich bin der Weg und die Wahrheit und das Leben; niemand kommt zum Vater denn durch mich.

Wie sieht der erste Schritt in Jesu Plan aus?

> –LUKAS 10, 1-4–
> DANACH SETZTE DER HERR WEITERE ZWEIUNDSIEBZIG1 JÜNGER EIN UND SANDTE SIE JE ZWEI UND ZWEI VOR SICH HER IN ALLE STÄDTE UND ORTE, WOHIN ER GEHEN WOLLTE,
> UND SPRACH ZU IHNEN: DIE ERNTE IST GROSS, DER ARBEITER ABER SIND WENIGE. DARUM BITTET DEN HERRN DER ERNTE, DASS ER ARBEITER AUSSENDE IN SEINE ERNTE.
> GEHT HIN; SIEHE, ICH SENDE EUCH WIE LÄMMER MITTEN UNTER DIE WÖLFE.
> TRAGT KEINEN GELDBEUTEL BEI EUCH, KEINE TASCHE UND KEINE SCHUHE, UND GRÜSST NIEMANDEN UNTERWEGS.

1. BEREITET EURE HERZEN VOR (1-4)

TEILT EUCH IN PAARE AUF (1)

In Vers eins, sagt Jesus, dass wir uns paarweise aufteilen sollen: in den meisten Kulturen bedeutet das, zwei Männer oder zwei Frauen. Ohne einen Partner seid ihr allein. Einmal eins mal eins ergibt immer noch eins. Zweimal zwei mal zwei ergibt jedoch acht. Das Potential zur Vervielfachung erhöht sich mit einem Partner.

Schwere Zeiten entmutigen die Menschen, vor allem wenn sie alleine arbeiten. In der ganzen Bibel arbeiteten die geistlichen Leiter mit Partnern und Jesus bestätigte diese Praxis in seinem Plan."

- Lehren Sie dieses Prinzip, indem Sie das folgende Schauspiel vorführen:

~ Stütz dich auf mich ~

„Was würde passieren, wenn ihr irgendwo allein euren Dienst tut und einen Unfall habt?"

- o Gehen Sie im Raum herum, so als ob Sie zu Ihrem Dienst gehen würden. Sagen Sie allen, Sie hätten einen Unfall gehabt und haben sich das Bein gebrochen. Humpeln Sie im Raum herum, während Sie versuchen, Ihren Dienst an anderen zu tun. Sagen Sie dann, ein Blitz hätte Sie getroffen. Versuchen Sie weiterhin, Ihren Dienst zu tun, aber zucken Sie nun mit Ihrem Hals.

„Wie anders wäre das alles, wenn ich noch einen Partner dabei hätte?"

- o Wiederholen Sie dasselbe Szenario, aber dieses Mal mit einem Partner. Ihr Partner hilft Ihnen, sich zu verbinden und Sie zu pflegen nach dem Unfall. Ihr Partner warnt Sie davor, nicht in den Regen hinauszugehen, wenn Sie einen Metallstab in der Hand haben.

„Jesus ist klug, wenn er uns sagt, dass wir in Paaren auftreten sollen. Er weiß, dass Schwierigkeiten auf uns zukommen werden, und wenn es soweit ist, werden wir jemanden brauchen, der uns hilft."

✋ Machen Sie mit den Zeige- und Mittelfindern beider Hände eine gehende Bewegung.

„Tragen Sie in die ersten Spalte von „Mein Jesus-Plan" den Namen der Person ein, von der Sie glauben, dass sie Ihr Partner sein wird."

GEHT DORT HIN, WO JESUS WIRKT (1)

„Da wir Jesus nachfolgen, tun wir nichts aus uns selbst., sondern wir halten danach Ausschau, wo Jesus wirkt und schließen uns ihm an. Zu erkennen, wo Jesus möchte, dass wir hingehen, ist nicht immer einfach. Die gute Nachricht ist aber, dass er uns liebt und es uns zeigen wird."

- Wiederholen Sie die Handbewegungen der „Gehen" Lektion aus dem Jüngerschaftskurs.

„Ich tue nichts aus mir selbst heraus."

✋ Eine Hand auf das Herz legen und den Kopf schütteln für „nein".

„Ich halte Ausschau danach, wo Gott wirkt."

✋ Eine Hand über die Augen legen und suchend nach links und rechts schauen.

„Wo er wirkt, schließe ich mich ihm an."

✋ Auf einen Punkt nach vorne zeigen und nicken für „ja".

„Und ich weiß, dass er mich liebt und es mir zeigen wird."

🖐 Die Hände im Lobpreis erheben und dann über dem Herzen kreuzen.

„Tragt in die erste Spalte von „Mein Jesus-Plan" ein, wo Gott wirkt und wohin er euch beruft."

BETET FÜR DIE LEITER DER ERNTE (2)

„In Vers zwei rät Jesus uns, für das Werk zu beten, bevor wir losgehen. Jesus betete inbrünstig, bevor er seinen Plan ausführte. Wir sollten auch viel Zeit im Gebet verbringen, bevor wir mit unserem Plan beginnen.

Wenn wir beten, loben wir Gott für die Menschen in unserem Team, dafür wie er wirkt und für die Menschen, die wir erreichen werden."

🖐 Lobpreis
Hände im Lobpreis erheben.

„Wir tun Buße für die Sünde in unserem Leben. Wir tun Buße für die Sünden im Leben der Menschen, die uns nachfolgen. Wir tun auch Buße für alle Sünden der Gruppe, die wir erreichen (Aberglaube, Götzenverehrung oder Verwendung von Amuletten z.B.)."

🖐 Buße tun
Die nach außen gerichteten Handflächen schirmen das Gesicht ab; der Kopf ist abgewandt.

„Dann bitten wir Gott, uns dort, wo wir hingehen, einheimische Leiter zu geben. Wir bitten Gott, Leiter für uns zu schaffen, die

Jesus nachfolgen, so dass andere Jesus nachfolgen, wenn sie uns nachfolgen."

- 🖐 **Bitten**
  Hände zu Schalen formen, um zu empfangen.

"Schließlich geben wir uns dem hin, was Gott von uns möchte."

- 🖐 **Hingabe**
  Hände in Gebetshaltung falten und vor die Stirn halten, um Respekt zu symbolisieren.

"Tragt in der ersten Spalte von „Mein Jesus-Plan" die Namen von potentiellen Leitern ein, für die ihr betet an dem Ort, an den ihr geht."

GEHT IN DEMUT (3)

"In Vers drei sagte Jesus, dass er uns als Lämmer unter die Wölfe sendet, also gehen wir in Demut. Die Menschen werden auf eine Botschaft hören, die aus einem demütigen Herzen kommt. Sie werden nicht zuhören, wenn sie glauben, dass wir stolz oder arrogant sind."

- Lehren Sie dieses Prinzip, indem Sie das folgende Schauspiel vorführen:

✤ Der große Leiter ✤

"Was würdet ihr glauben, denken die Leute in einem Dorf, wenn ich so zu ihrem Dorf käme…?"

- Gehen Sie mit stolz geschwellter Brust umher und sagen Sie: „Ich bin der große Leiter, ihr müsst mir zuhören!" Lassen Sie alle wissen, dass Sie sich für den Größten und Besten halten.

„Jesus ist klug, wenn er sagt, dass wir in Demut gehen sollen. Die Menschen sind empfänglicher, wenn der Botschafter demütig ist und ein Herz dafür hat, anderen zu helfen. Niemand mag eine rechthaberische Person."

🖐 **In Demut gehen**
Die Hände in Gebetshaltung falten und sich verbeugen.

„Tragt in der ersten Spalte von „Mein Jesus-Plan" die Antworten auf folgende Fragen ein: Was bedeutet ‚in Demut gehen' für dich?"

VERLASST EUCH AUF GOTT UND NICHT AUF GELD (4)

„Im Jesus-Plan gibt Jesus uns klare Richtlinien, denen wir folgen sollen, wenn wir einen Dienst oder eine Mission beginnen. Quer durch die christliche Geschichte haben Leiter viele Fehler begangen in ihrem Dienst, weil sie eine dieser Richtlinien missachtet haben. Jesus sagt uns, dass unser Dienst oder unsere Mission auf Gott und nicht auf Geld gegründet sein muss. Wir können Gott dienen oder dem Geld, aber nicht beiden. Wir sollten sicherstellen, dass alles, was wir tun, auf Gott gegründet ist und nicht auf Geld."

- Lehren Sie dieses Prinzip, indem Sie das folgende Schauspiel vorführen:

ꙮ Geld ist wie Honig ꙮ

„Was glaubt ihr, würden die Leute in einem Dorf denken, wenn ich so zu ihnen käme…?"

- Tragen Sie eine Tasche mit sich herum und tun Sie so, als wären Sie gerade in ein Dorf gekommen. Gehen Sie zu einem der Leiter und sagen Sie: „Wir bauen eine neue Gemeinde im Dorf auf. Wir haben säckeweise Geld. Komm und überzeug dich, was wir für dich tun können!" Wiederholen Sie dasselbe bei mehreren Leitern der Gruppe.

„Jesus ist klug, wenn er uns sagt, dass wir uns nicht auf Geld verlassen sollen. In unserem Dienst sollten die Menschen zu Jesus kommen, weil er der Sohn Gottes und Erlöser der Welt ist und nicht weil durch Geld Hilfe versprochen wird. Geld ist wie Honig und zieht Schwierigkeiten an, wenn wir uns darauf verlassen und nicht auf Gott."

> Sich auf Gott verlassen und nicht auf Geld
> So tun, als würde man Geld aus der Hemdtasche oder dem Portemonnaie nehmen und den Kopf schütteln für „nein", dann auf den Himmel zeigen und nicken für „ja".

„Tragt in der ersten Spalte von „Mein Jesus-Plan" ein, wie viel es im ersten Jahr kosten wird, euren neuen Dienst oder Mission zu finanzieren."

GEHT DIREKT DORTHIN, WOHIN ER EUCH BERUFT (4)

„Jesus gebietet uns in Vers vier, uns nicht mit jedem auf dem Weg aufzuhalten. Er gebietet uns nicht, unhöflich zu sein, sondern auf die Mission konzentriert zu bleiben, die er uns aufgetragen hat. Die meisten von uns werden leicht abgelenkt durch gute Taten, anstatt die besten Taten zu vollbringen."

- Lehren Sie dieses Prinzip, indem Sie das folgende Schauspiel vorführen:

✥ Gute Ablenkungen ✥

„Was glaubt ihr, würden die Leute in einem Dorf denken, wenn ich so zu ihnen käme...?"

- Sagen Sie allen, dass Ihr Assistent das Prinzip zeigen wird. Zeigen Sie auf eine Gruppe am anderen Ende des Raumes und sagen Sie:

„Eine Gruppe von Leuten hat meinen Freund gebeten, zu ihnen zu kommen und ihnen zu helfen. Schaut, was passiert."

- Der Assistent beschreibt den Leitern, was er tut, während er es ausführt. Der Assistent geht zu der Gruppe, die Hilfe braucht, erinnert sich aber daran, dass er sich von seinen Freunden verabschieden sollte. Er sitzt bei seinen Freunden und spricht eine Zeit lang mit ihnen. Nach ein paar Minuten „erinnert" er sich daran, dass er auf eine Mission gehen sollte. Er steht wieder auf, um sich auf den Weg zu gehen, erinnert sich aber daran, dass er seiner Schwester noch Geld schuldet, also geht er zu ihr. Sie gibt ihm Abendessen und bittet ihn, über Nacht zu bleiben.

Als er sich zum dritten Mal auf den Weg macht, findet er wieder eine Entschuldigung, die in den kulturellen Rahmen passt. Schließlich kommt er im Zielgebiet seines Dienstes an, aber niemand in dem Dorf möchte ihm nun zuhören.

„Jesus ist klug, wenn er uns sagt, dass wir direkt an den Ort unseres Dienstes gehen sollen, an den er uns berufen hat. Die Sorgen dieser Welt können uns leicht ablenken und bewirken, dass wir verpassen, was Gott uns am Zielort unseres Dienstes tun lassen möchte."

Die Handflächen und Finger beider Hände aneinanderlegen und eine „schnurstracks"-Bewegung machen.

„Tragt in die erste Spalte von „Mein Jesus-Plan" eine Liste möglicher Ablenkungen ein, die auf euch zukommen könnten."

Merkvers

–LUKAS 10, 2–
DIE ERNTE IST GROSS, DER ARBEITER ABER SIND WENIGE. DARUM BITTET DEN HERRN DER ERNTE, DASS ER ARBEITER AUSSENDE IN SEINE ERNTE.

- Alle sagen im Stehen den Merkvers zehnmal gemeinsam. Die ersten sechsmal kann die Bibel oder Notizen zur Hilfe genommen werden. Die letzten viermal wird der Vers auswendig gesagt. Sagen Sie jedes Mal die Bibelstelle, bevor der Vers selbst aufgesagt wird und setzen Sie sich wieder, wenn Sie fertig sind.
- Diesem Ablauf zu folgen, wird den Ausbildern helfen, zu erkennen, welche Teams die Lektion im „Übungs"-Teil abgeschlossen haben.

ÜBUNG

- Teilen Sie die Leiter in Vierergruppen auf. Bitten Sie sie, den Trainingsprozess in dieser Leiterschaftslektion anzuwenden und die folgenden Fragen zu beantworten.
- Führen Sie die Leiter Schritt für Schritt durch den Trainingsprozess und geben Sie ihnen 7-8 Minuten, um jeden der folgenden Abschnitte zu besprechen.

WEITERER VERLAUF

„Welcher Teil dieses Schrittes ist für deine Gruppe am leichtesten zu befolgen?"

PROBLEME

„Welcher Teil dieses Schrittes ist für deine Gruppe am schwersten zu befolgen?"

PLÄNE

„Welche Aufgabe willst du in den nächsten 30 Tagen mit deiner Gruppe beginnen, um diesen Schritt des Jesus-Plans zu befolgen?"

- Alle sollten die Pläne ihrer Partner aufschreiben, um später dafür beten zu können.

ÜBUNG

„Welche Aufgabe möchtest du in deiner Gruppe in den nächsten 30 Tagen verbessern, um diesen Schritt des Jesus-Plans zu befolgen?"

- Alle sollten die Übungspunkte ihrer Partner aufschreiben, um später dafür beten zu können.
- Die Leiter stehen auf und sagen den Merkvers zehnmal zusammen auf, nachdem jeder die Fähigkeit genannt hat, die er üben will.

GEBET

- nehmt euch Zeit, um gegenseitig für eure Pläne zu beten.

ABSCHLUSS

Mein Jesus Plan

- Bitten Sie die Leiter, zum Ende ihres Teilnehmerleitfadens zu blättern zu „Mein Jesus-Plan".

„Füllt die ersten Spalte eures Jesus-Plans aus und verwendet die Notizen aus dieser Einheit – wie ihr eure Arbeit tun wollt. Schreibt bestimmte Details auf, wie ihr Jesu Richtlinien für den Dienst aus Lukas 10 folgen wollt."

Mein Jesus Plan

Dach (Giebel):

Jetzt
- Bevölkerung
- Gläubige
- Gemeinden

Vision
- Bevölkerung
- Gläubige
- Gemeinden

Haus (Spalten):

Wie wir gehen werden	Was wir tun werden	Wo wir hingehen werden	Wer gehen wird

8

Gruppen initiieren

Die Leiter bereiten ihre Herzen in Schritt 1 des Jesus-Plans vor. Die Lektion „Gruppen initiieren" deckt die Schritte 2, 3 und 4 ab. Wir könnten viele Fehler im Dienst und der Mission vermeiden, wenn wir einfach nur den Richtlinien des Jesus-Plans aus Lukas 10 folgen. Die Leiter wenden diese Richtlinien am Ende der Einheit an, wenn sie ihren persönlichen „Jesus-Plan" ausfüllen.

In Schritt 2 geht es um die Entwicklung von Beziehungen. Wir schließen uns Gott an, wo er wirkt und finden einflussreiche Menschen, die für die Botschaft empfänglich sind. Wir essen und trinken, was sie uns geben, um ihnen unsere Akzeptanz zu zeigen. Wir gehen nicht von einer Freundschaft zur nächsten weiter, denn das wirft ein schlechtes Licht auf die Botschaft der Versöhnung, die wir predigen.

Wir geben die gute Nachricht in Schritt 3 weiter. Jesus ist ein Hirte und möchte, dass wir Menschen beschützen und für sie sorgen. In diesem Schritt ermutigen die Trainer die Leiter, Wege zu finden, Heilung weiterzugeben in ihrem Dienst. Die Menschen kümmert es nicht, was Sie wissen, solange bis sie wissen, dass Sie sich um sie sorgen. Die Kranken zu heilen, öffnet die Türen, um das Evangelium weiterzugeben.

In Schritt 4 bewerten wir die Ergebnisse und nehmen Anpassungen vor. Wir empfänglich sind die Menschen? Gibt es ein echtes Interesse an geistlichen Themen oder einen anderen Grund wie z.B. Geld, der ihre Neugier weckt? Wenn die Menschen reagieren, bleiben wir und führen die Mission fort. Wenn die Menschen nicht reagieren, gebietet Jesus uns, wegzugehen und woanders neu anzufangen.

Lobpreis

- Singen Sie zwei Lobpreislieder zusammen. Bitten Sie einen Leiter, für diese Einheit zu beten.

Weiterer Verlauf

- Bitten Sie einen weiteren Leiter im Kurs ein kurzes Zeugnis zu geben (drei Minuten) wie Gott seine oder ihre Gruppe gesegnet hat. Nachdem der Leiter in Zeugnis abgegeben hat, bitten Sie die Gruppe, für ihn oder sie zu beten.
- Wahlweise spielen Sie beispielhaft eine Übungszeit mit einem Leiter durch und verwenden die Abschnitte „Fortschritt, Probleme, Plan, Übung, Gebet" des Ausbildungsprozesses für Trainer.

Problem

„Oft haben die Gläubigen ein gütiges Herz und eine Leidenschaft dafür, ihre Gemeinschaft zu erreichen. Sie haben jedoch keinen einfachen Plan, dem sie folgen könnten und der zu ihren Zielen

passt. Viele initiieren Gruppen, indem sie erst einmal durch Fehler lernen, aber diese Methode ist eine Verschwendung von Zeit und Energie. Jesus gab den Jüngern klare Anweisungen, wie man eine Gruppe initiiert. Wenn wir seinem Plan folgen, schließen wir uns ihm an, wo er wirkt und vermeiden unnötige Fehler."

PLAN

„Das Ziel dieser Lektion ist, einen guten Weg aufzuzeigen, wie man eine Jüngerschaftsgruppe initiiert, indem man Jesu Anweisungen folgt. Wir fangen an, indem wir eine friedvolle Person finden und uns um ihre leiblichen und geistlichen Bedürfnisse kümmern. Jesus gebietet uns auch, unsere Arbeit am Ende seines Plans zu bewerten."

Wiederholung

Willkommen
    Wer baut die Gemeinde auf?
    Warum ist das wichtig?
    Wie baut Jesus seine Gemeinde auf?
        Stark in Gott verwurzelt sein ✋
        Das Evangelium mitteilen ✋
        Jünger ausbilden ✋
        Gruppen und Gemeinden initiieren ✋
        Leiter ausbilden ✋

        –I. Korinther 11, 1–Folgt meinem Beispiel wie ich dem Beispiel Christi!

Ausbilden wie Jesus
    Wie hat Jesus Leiter ausgebildet?
        Fortschritt ✋
        Probleme ✋
        Pläne ✋
        Übung ✋
        Gebet ✋

> –Lukas 6, 40–Der Jünger steht nicht über dem Meister; wenn er vollkommen ist, so ist er wie sein Meister.

Anleiten wie Jesus
    Von wem sagte Jesus, dass er der größte Leiter sei? ✋
    Wie sehen die sieben Qualitäten eines großen Leiters aus?
    1. Große Leiter lieben die Menschen ✋
    2. Große Leiter kennen ihre Mission ✋
    3. Große Leiter dienen ihren Nachfolgern ✋
    4. Große Leiter korrigieren freundlich ✋
    5. Große Leiter kennen die aktuellen Probleme in ihrer Gruppe ✋
    6. Große Leiter geben ein gutes Beispiel, dem man folgen kann ✋
    7. Große Leiter wissen, dass sie gesegnet sind ✋

> –Johannes 13, 14-15–Wenn nun ich, euer Herr und Meister, euch die Füße gewaschen habe, so sollt auch ihr euch untereinander die Füße waschen. Ein Beispiel habe ich euch gegeben, damit ihr tut, wie ich euch getan habe.

Stärke gewinnen
Welchen Persönlichkeitstyp hat Gott Ihnen gegeben?
Soldat 🖐
Suchender 🖐
Hirte 🖐
Sämann 🖐
Sohn/Tochter 🖐
Heiliger 🖐
Diener 🖐
Verwalter 🖐
Welchen Persönlichkeitstyp mag Gott am liebsten?
Welcher Persönlichkeitstyp gibt den besten Leiter ab?

> –Römer 12, 4-5–Denn wie wir an „einem" Leib viele Glieder haben, aber nicht alle Glieder dieselbe Aufgabe haben, so sind wir viele „ein" Leib in Christus, aber untereinander ist einer des andern Glied.

Zusammen stärker
Warum gibt es acht Arten von Menschen auf der Welt?
Wie ist Jesus?
Soldat 🖐
Suchender 🖐
Hirte 🖐
Sämann 🖐
Sohn/Tochter 🖐
Erlöser/Heiliger 🖐
Diener 🖐
Verwalter 🖐
Welche drei Wahlmöglichkeiten haben wir, wenn Konflikte entstehen?
Weglaufen 🖐
Sich bekämpfen 🖐
Mit Gottes Geist einen Weg finden, Zusammenzuarbeiten 🖐

> –Galater 2, 20–Ich lebe, doch nun nicht ich, sondern Christus lebt in mir. Denn was ich jetzt lebe im Fleisch, das lebe ich im Glauben an den Sohn Gottes, der mich geliebt hat und sich selbst für mich dahingegeben

Das Evangelium mitteilen

Wie kann ich das einfache Evangelium mitteilen?
- Golden Perle
- Blaue Perle
- Grüne Perle
- Schwarze Perle
- Weiße Perle
- Rote Perle

Warum brauchen wir Jesu Hilfe?
- Niemand ist klug genug, um zu Gott zurückzukehren.
- Niemand kann genug geben, um zu Gott zurückzukehren.
- Niemand ist stark genug, um zu Gott zurückzukehren.
- Niemand ist gut genug, um zu Gott zurückzukehren.

> –Johannes 14, 6–Jesus spricht zu ihm: Ich bin der Weg und die Wahrheit und das Leben; niemand kommt zum Vater denn durch mich.

Jünger ausbilden

Wie sieht der erste Schritt in Jesu Plan aus?
- Bereitet eure Herzen vor
- Macht euch paarweise auf den Weg
- Geht dort hin, wo Jesus wirkt
- Betet für Leiter aus der Ernte
- Geht in Demut
- Verlasst euch auf Gott und nicht auf Geld
- Geht direkt dorthin, wohin er euch beruft

> –Lukas 10, 2-4– Und sprach zu ihnen: Die Ernte ist groß, der Arbeiter aber sind wenige. Darum bittet den Herrn der Ernte, dass er Arbeiter aussende in seine Ernte. Geht hin; siehe, ich sende euch wie Lämmer mitten unter die Wölfe. Tragt keinen Geldbeutel bei euch, keine Tasche und keine Schuhe, und grüßt niemanden unterwegs.

Wie sieht der zweite Schritt in Jesu Plan aus?

> –LUKAS 10, 5-8–
> WENN IHR IN EIN HAUS KOMMT, SPRECHT ZUERST: FRIEDE SEI DIESEM HAUSE! UND WENN DORT EIN KIND DES FRIEDENS IST, SO WIRD EUER FRIEDE AUF IHM RUHEN; WENN ABER NICHT, SO WIRD SICH EUER FRIEDE WIEDER ZU EUCH WENDEN. IN DEMSELBEN HAUS ABER BLEIBT, ESST UND TRINKT, WAS MAN EUCH GIBT; DENN EIN ARBEITER IST SEINES LOHNES WERT. IHR SOLLT NICHT VON EINEM HAUS ZUM ANDERN GEHEN. UND WENN IHR IN EINE STADT KOMMT UND SIE EUCH AUFNEHMEN, DANN ESST, WAS EUCH VORGESETZT WIRD.

2. FREUNDSCHAFTEN ENTWICKELN (5-8)

FINDET EINE FRIEDVOLLE PERSON (5, 6)

In den Versen fünf und sechs gebietet uns Jesus, eine friedvolle Person zu finden. Eine friedvolle Person ist jemand, der Gott sucht, an dem Ort, an den ihr gehen werdet. Wenn ihr mit dieser

Person über geistliche Themen spricht, zeigt sie Interesse und möchte mehr erfahren. Gott wirkt bereits und zieht diese Person zu sich. Unser Zeugnis zu erzählen ist oft eine gute Möglichkeit, eine friedvolle Person zu finden."

- Tragt in der zweiten Spalte eures Jesus-Plans die ‚Kinder des Friedens' ein, die ihr in eurem Zielgebiet kennt.

    ✋ **Friedvolle Person**
    Die Hände verschränken, so als ob Freunde sich die Hand schütteln.

ESST UND TRINKT, WAS SIE EUCH GEBEN (7, 8)

„Warum glaubt ihr, sagt Jesus uns, ‚esst und trinkt, was sie euch geben' in Vers sieben? Er möchte, dass wir sensible für andere Kulturen sind, wenn wir Freundschaften schließen. Das können wir am besten, wenn wir essen und trinken, was unsere Gastgeber in Freundschaft anbieten.

Manchmal müsst ihr vielleicht für Gottes Gnade beten, wenn ungewohntes Essen in eurem Magen landet! Nichtsdestotrotz, wenn ihr bittet, werdet ihr empfangen. Denkt daran, die Menschen fühlen sich geliebt und angenommen, wenn wir essen, was sie essen und trinken, was sie trinken."

- Tragt in die zweite Spalte eures Jesus-Plans alle Bräuche oder Essgewohnheiten eurer Zielgruppe ein, die ihr kennen müsst, um sensible aufzutreten.

    ✋ **Esst und trinkt**
    So tun, als ob man isst und trinkt. Dann den über den Magen streichen, so als ob es gut schmeckt.

GEHT NICHT VON EINEM HAUS ZUM ANDEREN (7)

„In Vers sieben sagt uns Jesus, im Haus der Person zu bleiben, mit der wir im Dorf in Kontakt stehen. Freundschaften brauchen Zeit, um sich zu entwickeln, und in jeder Beziehung gibt es ab und zu Konflikte und Schwierigkeiten. Wenn wir schon beim ersten Anzeichen von Schwierigkeiten weiterziehen, wirft es ein schlechtes Licht auf die Botschaft der Versöhnung, die wir predigen."

> Geht nicht von einem Haus zum anderen
> Mit beiden Händen die Konturen eines Hausdaches nachzeichnen. Das Haus an verschiedenen Orten zeigen und den Kopf schütteln für „nein".

- Lehren Sie diese Richtlinien des zweiten Schrittes im Jesus-Plan, indem Sie folgendes Schauspiel vorführen:

❧ Wie man ein Dorf gegen sich aufbringt ❧

„Was würdet ihr glauben, denken die Leute in einem Dorf, wenn man so zu ihnen käme?"

- Sagen Sie allen, dass Sie und Ihr Partner bisher dem Jesus-Plan gefolgt sind. Sie gehen paarweise zum Ort ihres Dienstes. Sie haben gebetet, sind in Demut gegangen und haben sich nicht auf Geld verlassen. Gott wirkt in dem Dorf und Sie beide sind direkt dorthin gegangen. Sagen Sie allen, sie sollen zusehen, was nun passiert und wie das Dorf darauf reagiert.
- Bitten Sie die Teilnehmer, sich vorzustellen, die Kursgruppe wäre ein Dorf. Kleine Grüppchen von Teilnehmern stellen die Häuser des Dorfes dar.

- Gehen Sie zum ersten Haus, segnen Sie es, setzen Sie sich mit den Bewohnern hin und verbringen Sie Zeit mit ihnen. Bitten Sie sie um etwas zu essen, weil Sie extreme hungrig sind. Nachdem man Ihnen Essen gebracht hat, essen Sie es und verziehen Sie das Gesicht. Sagen Sie dann Ihrem Partner, dass Sie dort nicht länger bleiben können, weil das Essen so schlecht ist und Sie glauben, sterben zu müssen. Verabschieden Sie sich und reiben Sie sich dabei den Bauch, so als ob Sie Bauchschmerzen hätten.
- Gehen Sie zum zweiten Haus, segnen Sie es, setzen Sie sich mit den Bewohnern hin und vereinbaren Sie wieder, die Nacht dort zu verbringen. Tun Sie so, als ob Sie sich schlafen legen. Nach einer gewissen Zeit sagt Ihnen Ihr Partner, dass er dort nicht länger bleiben kann, weil ein Mann in dem Haus so laut schnarcht. Ihr Partner hat die ganze Nacht keinen Schlaf abbekommen. Verabschieden Sie sich, während Sie sich dabei die Augen reiben.
- Gehen Sie zum dritten Haus, segnen Sie es, setzen Sie sich mit den Bewohnern hin und bleiben Sie eine Zeit lang. Am nächsten Tag sagen Sie Ihrem Partner, dass Sie dort nicht länger bleiben können, weil dort so viel gelästert wird, dass es Ihnen in den Ohren wehtut. Verabschieden Sie sich, gehen Sie weg und reiben Sie sich die Ohren.
- Gehen Sie zum letzten Haus, segnen Sie es, setzen Sie sich mit den Bewohnern hin und bleiben Sie eine Zeit lang. Sagen Sie allen, Sie hätten gehört, dass es in diesem Haus wunderschöne Töchter gäbe. Sie versuchen Ihrem Freund zu helfen, eine Frau zu finden. Nennen Sie den Bewohnern des Hauses alle wunderbaren Eigenschaften Ihres Partners. Erklären Sie, dass Sie sich sicher sind, Gott möchte, dass Ihr Partner eine der wunderschönen Töchter heiratet.

"Wenn wir versuchen würden, in diesem Dorf das Evangelium weiterzugeben, was würden die Dorfbewohner dann denken? Sie würden denken, wir hätten keine Ehre. Alles, worum wir uns kümmern würden, wäre das, was sie uns geben könnten. Dem Jesus-Plan zu folgen, hilft uns, viele Fehler zu vermeiden."

- Tragt in der zweiten Spalte eures Jesus-Plans ein, welchen Beitrag ihr in dem Haushalt leisten wollt, in dem ihr wohnt. Wie könnt ihr ganz konkret dort zum Segen werden?

Wie sieht der dritte Schritt im Jesus-Plan aus?

–LUKAS 10, 9–
UND HEILT DIE KRANKEN, DIE DORT SIND, UND SAGT IHNEN: DAS REICH GOTTES IST NAHE ZU EUCH GEKOMMEN.

3. DIE GUTE NACHRICHT WEITERGEBEN

HEILT DIE KRANKEN (9)

"Jesu Dienst richtete sich sowohl an leibliche als auch an geistliche Bedürfnisse. Wir können einem Dorf oder einer Menschengruppe auf viele Arten Heilung bringen, wie z. B. Indem wir Entwicklungshilfe betreiben, die Wasserversorgung verbessern, (zahn-)medizinische Hilfe bringen, für die Kranken beten und Beratung geben."

- Tragt in die zweite Spalte eures Jesus-Plans eine praktische Möglichkeit ein, wie ihr den leiblichen

Bedürfnissen in der Gemeinschaft durch euren Dienst oder eure Mission begegnen könnt.

> 🖐 **Die Kranken heilen**
> Arme ausstrecken, so als ob man sie einem Kranken zur Heilung auflegt.

TEILT DAS EVANGELIUM MIT (9)

„Der zweite Teil davon, die gute Nachricht weiterzugeben, besteht darin, das Evangelium weiterzugeben."

- Wiederholen Sie das Evangelium anhand des Evangeliums-Armbands.

„Die gute Nachricht ist nur dann eine gute Nachricht, wenn die Menschen sie in ihrem Kontext verstehen können. Ein wichtiger Aspekt bei der Verkündigung des Evangeliums ist, sicher zu gehen, dass es für die, die es hören, einen Sinn ergibt."

> 🖐 **Das Evangelium mitteilen**
> Die Hände wie Trichter um den Mund legen, so als ob man ein Megaphon hält.

- Lehren Sie die Richtlinien des dritten Schrittes in Jesu Strategie, indem Sie folgendes Schauspiel aufführen:

ঌ Der Vogel mit den zwei Flügeln ঌ

„Jesus sagte uns, wir sollten die Kranken heilen und das Evangelium verkünden. Das sind zwei Flügel eines Vogels. Er braucht beide zum Fliegen!"

- Bitten Sie um einen Freiwilligen. Erklären Sie, dass der Freiwillige ein begabter Evangelist ist und Sie am besten darin sind, Kranke zu heilen.
- Bitten Sie den Freiwilligen, beide Arme auszustrecken, so als ob er Flügel hätte. Erklären Sie, dass sein rechter Arm stark in der Evangelisation ist, aber sein linker Arm ist schwächer (bitten Sie ihn, seinen linken Arm nicht so weit auszustrecken wie seinen rechten Arm).
- Strecken Sie beide Arme aus, so als ob Sie Flügel hätten. Erklären Sie, dass Ihr linker Arm stark in der Heilung von Kranken ist, aber Ihr rechter Arm ist schwächer. Sie sind schwach als Verkündiger des Evangeliums. Bitten Sie den Freiwilligen, mit seinem starken und schwachen Flügel zu fliegen. Sie tun dasselbe. (Sie beide sollten in Kreisen herumwirbeln).

„Wie könnten die Ergebnisse anders aussehen, wenn wir uns entscheiden würden, zusammenzuarbeiten?"

- Verschränken Sie Ihren „schwachen" Arm (Evangelisation) mit dem „schwachen" Arm des Freiwilligen (Heilung der Kranken)

„Wenn wir unsere Stärken bündeln und Seite an Seite arbeiten, können wir fliegen."

- Sie und der Freiwillige flattern gemeinsam mit Ihren „starken" Armen und „fliegen" im Zimmer herum.

Wie sieht der vierte Schritt im Jesus-Plan aus?

–LUKAS 10, 10-11–
WENN IHR ABER IN EINE STADT KOMMT UND SIE EUCH NICHT AUFNEHMEN, SO GEHT HINAUS AUF

IHRE STRASSEN UND SPRECHT: AUCH DEN STAUB AUS EURER STADT, DER SICH AN UNSRE FÜSSE GEHÄNGT HAT, SCHÜTTELN WIR AB AUF EUCH. DOCH SOLLT IHR WISSEN: DAS REICH GOTTES IST NAHE HERBEIGEKOMMEN.

4. Die Ergebnisse bewerten und Anpassungen vornehmen

BEWERTET, WIE DIE MENSCHEN REAGIEREN (10, 11)

„Ein Schlüssel für langfristigen Erfolg bei jeder Mission ist die Fähigkeit, Bewertungen vorzunehmen. Bei diesem Schritt sagt Jesus uns, wir sollten die Art und Weise analysieren, wie die Menschen reagieren und unsere Pläne korrigieren.

Manchmal reagieren die Menschen nicht, weil sie unsere Botschaft nicht verstehen und wir müssen sie verdeutlichen. Manchmal reagieren die Menschen auch nicht, weil es in ihrem Leben Sünde gibt, also müssen wir Ihnen Gottes Vergebung zusprechen. Wieder andere sind nicht empfänglich aufgrund negativer Erfahrungen in ihrer Vergangenheit und wir bringen sie durch Liebe wieder zurück in Gottes Familie. Es kommt jedoch eine Zeit, in der wir die Offenheit der Menschen, mit denen wir arbeiten, bewerten und unseren Plan entsprechend anpassen müssen.

Ein Schlüsselschritt im Jesus-Plan ist, bevor wir beginnen eine Entscheidung zu treffen, wie wir die Ergebnisse bewerten."

- Tragt in der zweiten Spalte eures Jesus-Plans ein, wie der „Erfolg" bei dieser Mission oder diesem Dienst aussehen wird. Wie wollt ihr die Reaktionen bewerten?

✋ Die Ergebnisse bewerten
Die Hände wie Waagschalen hochhalten, diese hoch und tief bewegen mit einem fragenden Gesichtsausdruck.

GEHT WEG, WENN DIE MENSCHEN NICHT REAGIEREN (11)

„Die letzte Richtlinie im Jesus-Plan ist schwierig für viele Menschen. Wir sollten den Ort unseres Dienstes verlassen, wenn es dort keine Reaktionen gibt. Oft halten wir daran fest, zu glauben, dass sich noch etwas verändern wird. Wir hoffen weiter, wenn es eigentlich schon an der Zeit ist, weiterzuziehen."

„Ein strategischer Teil der Missionsarbeit ist, zu bestimmen, wann es an der Zeit ist, weiterzuziehen. Einige wollen zu schnell ihre Zelte abbrechen, andere zu langsam. Freundschaften zu verlassen ist niemals einfach, aber es ist wichtig, daran zu denken, dass Jesus uns geboten hat, weiterzuziehen, wenn die Menschen nicht reagieren.

Wie viel Zeit solltet ihr in Menschen investieren, bevor ihr euch entscheidet, dass sie nicht reagieren werden: einen Tag, einen Monat oder ein Jahr? Jedes Umfeld eines Dienstes ist anders. Die Wirklichkeit sieht so aus, dass viele Menschen zu lange bleiben und den Segen Gottes an einem anderen Ort verpassen, weil sie die Richtlinien des Jesus-Plans nicht befolgt haben."

- Tragt in der zweiten Spalte eures Jesus-Plans ein, wie lange ihr eurer Meinung nach bleiben müsst, um die Mission auszuführen, die Gott euch gegeben hat. Wenn diese Volksgruppe für das Evangelium nicht empfänglich ist, wo wollt ihr dann weitermachen?

🖐 Weiterziehen, wenn keine Ergebnisse folgen
Als Verabschiedung winken.

Merkvers

–LUKAS 10, 9–
UND HEILT DIE KRANKEN, DIE DORT SIND, UND SAGT IHNEN: DAS REICH GOTTES IST NAHE ZU EUCH GEKOMMEN.

- Alle sagen im Stehen den Merkvers zehnmal gemeinsam. Die ersten sechsmal kann die Bibel oder Notizen zur Hilfe genommen werden. Die letzten viermal wird der Vers auswendig gesagt. Sagen Sie jedes Mal die Bibelstelle, bevor der Vers selbst aufgesagt wird und setzen Sie sich wieder, wenn Sie fertig sind.
- Diesem Ablauf zu folgen, wird den Ausbildern helfen, zu erkennen, welche Teams die Lektion im „Übungs"-Teil abgeschlossen haben.

ÜBUNG

- Teilen Sie die Leiter in Vierergruppen auf. Bitten Sie sie, den Trainingsprozess bei dieser Leiterschaftslektion zu verwenden.
- Führen Sie die Leiter Schritt für Schritt durch den Trainingsprozess und geben Sie ihnen 7-8 Minuten, um jeden der folgenden Abschnitte zu besprechen.

WEITERER VERLAUF

„Welcher Teil dieser Schritt ist für eure Gruppe am leichtesten zu befolgen?"

PROBLEME

„Welcher Teil dieser Schritte ist für eure Gruppe am schwersten zu befolgen?"

PLÄNE

„Welche Aufgabe werdet ihr in den nächsten 30 Tagen in eurer Gruppe beginnen, um diese Schritte des Jesus-Plans zu befolgen?"

- Die Leiter sollten die Pläne der anderen notieren, so dass später dafür gebetet werden kann.

ÜBUNG

„Welche Aufgabe wollt ihr in eurer Gruppe in den nächsten 30 Tagen verbessern, um diese Schritte des Jesus-Plans zu befolgen?"

- Alle notieren die Übungspunkte ihrer Partner, um später dafür beten zu können.
- Die Leiter stehen auf und sagen den Merkvers zehnmal zusammen auf, nachdem alle ihre Fähigkeiten, die sie üben wollen, mitgeteilt haben.

GEBET

- Nehmt euch Zeit, um gegenseitig für eure Pläne zu beten. Betet, dass Gott den Gruppen hilft, weitere Fortschritte zu machen und ihre Schwachpunkte zu stärken.

ABSCHLUSS

Mein Jesus Plan

- Bitten Sie die Leiter, an das Ende ihres Teilnehmerleitfadens zum „Jesus-Plan" zu blättern.

„Verwendet eure Notizen aus dieser Einheit, füllt die zweite und dritte Spalte eures Jesus-Plans aus. Diese Spalten geben an, wer unsere friedvollen Personen sind und wie wir ihnen dienen können. Schreibt spezifische Angaben darüber, wie ihr Jesu Richtlinien für den Dienst aus Lukas 10 folgen wollt."

9

Vervielfachung von Gruppen

Gesunde und sich vervielfältigende Gemeinden sind das Ergebnis von gewonnener Stärke in Gott, Mitteilung des Evangeliums, der Ausbildung von Jüngern, der Initiierung von Gruppen und der Ausbildung von Leitern. Die meisten Leiter haben jedoch noch nie eine Gemeinde gegründet und wissen gar nicht, wie sie damit anfangen sollen. „Vervielfachung von Gruppen" zeigt die Orte, auf die wir uns konzentrieren sollten, wenn wir Gruppen initiieren, die zu Gemeinden werden. In Apostelgeschichte gebietet Jesus uns, Gruppen in vier unterschiedlichen Gebieten zu initiieren. Er sagt uns, wir sollen Gruppen in der Stadt und Region initiieren, wo wir leben. Dann sagt er uns, wir sollen neue Gemeinschaften in einer Nachbarregion und unter verschiedenen Volksgruppen aufbauen, dort wo wir leben. Schließlich gebietet Jesus uns, an entfernte Orte zu gehen und jede Volksgruppe der Welt zu erreichen. Die Ausbilder ermutigen die Leiter, das Herz von Jesus für alle Völker anzunehmen und Pläne zu schmieden, ihr

Jerusalem, Judäa, Samaria und die Enden der Erde zu erreichen. Die Leiter fügen diese Verpflichtungen ihrem „Jesus-Plan" hinzu.

Die Apostelgeschichte beschreibt auch die Arbeit von vier Arten von Gruppeninitiatoren. Petrus, ein Pastor, half eine Gruppe im Haus des Kornelius aufzubauen. Paulus, eine Laie, reiste durch das gesamte römische Reich und baute Gruppen auf. Priscilla & Aquilla, selbständige Geschäftsleute, initiierten Gruppen wo auch immer ihr Geschäft sie hinführte. „Verfolgte" Menschen in Apostelgeschichte 8 verteilten sich und begannen Gruppen so auch immer sie hingingen. In dieser Lektion lernen die Leiter, potentielle Gruppeninitiatoren in ihrem Einflussbereich zu erkennen und diese zu ihrem „Jesus-Plan" hinzuzufügen. Die Lektion endet mit dem Aufgreifen der Annahme, dass man für Gemeindegründung ein prall gefülltes Bankkonto benötigt. Die meisten Gemeinden beginnen in Privathäusern mit kaum mehr Investitionen als einer Bibel.

LOBPREIS

- Singen Sie zwei Lobpreislieder zusammen. Bitten Sie einen Leiter, für diese Einheit zu beten.

WEITERER VERLAUF

- Bitten Sie einen weiteren Leiter im Kurs ein kurzes Zeugnis zu geben (drei Minuten) wie Gott seine oder ihre Gruppe gesegnet hat. Nachdem der Leiter in Zeugnis abgegeben hat, bitten Sie die Gruppe, für ihn oder sie zu beten.
- Wahlweise spielen Sie beispielhaft eine Übungszeit mit einem Leiter durch und verwenden die Abschnitte „Fortschritt, Probleme, Plan, Übung, Gebet" des Ausbildungsprozesses für Trainer.

Problem

„Eine bereits bestehende Gruppe oder Gemeinde zu leiten, ist nicht einfach. Der Gedanke, eine weitere Gruppe oder Gemeinde zu gründen, erscheint unmöglich. Gemeinden kämpfen damit, wie sie ihr begrenztes Budget, Zeit oder Personen einsetzen. Jesus kennt unseren Bedarf an Verwaltern jedoch und gebietet uns dennoch, neue Gemeinden zu gründen.

Ein weiteres Problem, mit dem wir zu tun haben bei der Gründung neuer Gruppen oder Gemeinden, ist die Tatsache, dass die meisten Gläubigen noch nie eine Gruppe oder Gemeinde gegründet haben. Pastoren, Leiter, Geschäftsleute und Gemeindemitglieder haben ein bestimmtes Bild im Kopf, was nötig ist, um eine „echte" Gemeinde zu sein. Das führt oft dazu, dass Gemeinden gegründet werden, die exakt genau so aussehen wie die Muttergemeinde, aber das ist gleichzeitig beinahe die Garantie dafür, dass die neue Gemeinde versagen wird."

Plan

„Erinnert ihr euch daran, als wir darüber sprachen, eine Steigerung von 5.000 auf 40.000 Gläubige zu erreichen? Der Schlüssel zu diesem Wachstum liegt darin, dass jeder Gläubige eine neue Gruppe initiiert. In dieser Lektion werden wir die vier Bereiche kennenlernen, in denen wir Gruppen initiieren sollten. Danach werden wir vier Arten von Menschen betrachten, die in der Apostelgeschichte Gruppen gegründet haben."

Wiederholung

Willkommen
    Wer baut die Gemeinde auf?
    Warum ist das wichtig?
    Wie baut Jesus seine Gemeinde auf?
        Stark in Gott verwurzelt sein
        Das Evangelium mitteilen
        Jünger ausbilden
        Gruppen und Gemeinden initiieren
        Leiter ausbilden

> –I. Korinther 11, 1–Folgt meinem Beispiel wie ich dem Beispiel Christi!

Ausbilden wie Jesus
    Wie hat Jesus Leiter ausgebildet?
        Fortschritt
        Probleme
        Pläne
        Übung
        Gebet

> –Lukas 6, 40–Der Jünger steht nicht über dem Meister; wenn er vollkommen ist, so ist er wie sein Meister.

Anleiten wie Jesus
    Von wem sagte Jesus, dass er der größte Leiter sei?
    Wie sehen die sieben Qualitäten eines großen Leiters aus?
        1. Große Leiter lieben die Menschen
        2. Große Leiter kennen ihre Mission
        3. Große Leiter dienen ihren Nachfolgern
        4. Große Leiter korrigieren freundlich
        5. Große Leiter kennen die aktuellen Probleme in ihrer Gruppe

6. Große Leiter geben ein gutes Beispiel, dem man folgen kann ✋
7. Große Leiter wissen, dass sie gesegnet sind ✋

–Johannes 13, 14-15–Wenn nun ich, euer Herr und Meister, euch die Füße gewaschen habe, so sollt auch ihr euch untereinander die Füße waschen. Ein Beispiel habe ich euch gegeben, damit ihr tut, wie ich euch getan habe.

Stärke gewinnen
Welchen Persönlichkeitstyp hat Gott Ihnen gegeben?
Soldat ✋
Suchender ✋
Hirte ✋
Sämann ✋
Sohn/Tochter ✋
Heiliger ✋
Diener ✋
Verwalter ✋
Welchen Persönlichkeitstyp mag Gott am liebsten?
Welcher Persönlichkeitstyp gibt den besten Leiter ab?

–Römer 12, 4-5–Denn wie wir an „einem" Leib viele Glieder haben, aber nicht alle Glieder dieselbe Aufgabe haben, so sind wir viele „ein" Leib in Christus, aber untereinander ist einer des andern Glied.

Zusammen stärker
Warum gibt es acht Arten von Menschen auf der Welt?
Wie ist Jesus?
Soldat ✋
Suchender ✋
Hirte ✋
Sämann ✋

Sohn/Tochter
Erlöser/Heiliger
Diener
Verwalter
Welche drei Wahlmöglichkeiten haben wir, wenn Konflikte entstehen?
Weglaufen
Sich bekämpfen
Mit Gottes Geist einen Weg finden, Zusammenzuarbeiten

–Galater 2, 20–Ich lebe, doch nun nicht ich, sondern Christus lebt in mir. Denn was ich jetzt lebe im Fleisch, das lebe ich im Glauben an den Sohn Gottes, der mich geliebt hat und sich selbst für mich dahingegeben

Das Evangelium mitteilen
Wie kann ich das einfache Evangelium mitteilen?
Golden Perle
Blaue Perle
Grüne Perle
Schwarze Perle
Weiße Perle
Rote Perle
Warum brauchen wir Jesu Hilfe?
Niemand ist klug genug, um zu Gott zurückzukehren.
Niemand kann genug geben, um zu Gott zurückzukehren.
Niemand ist stark genug, um zu Gott zurückzukehren.
Niemand ist gut genug, um zu Gott zurückzukehren.

–Johannes 14, 6–Jesus spricht zu ihm: Ich bin der Weg und die Wahrheit und das Leben; niemand kommt zum Vater denn durch mich.

Jünger ausbilden
    Wie sieht der erste Schritt in Jesu Plan aus?
        Bereitet eure Herzen vor ✋
            Macht euch paarweise auf den Weg ✋
            Geht dort hin, wo Jesus wirkt ✋
            Betet für Leiter aus der Ernte ✋
            Geht in Demut ✋
            Verlasst euch auf Gott und nicht auf Geld ✋
            Geht direkt dorthin, wohin er euch beruft ✋

–Lukas 10, 2–4–Und sprach zu ihnen: Die Ernte ist groß, der Arbeiter aber sind wenige. Darum bittet den Herrn der Ernte, dass er Arbeiter aussende in seine Ernte. Geht hin; siehe, ich sende euch wie Lämmer mitten unter die Wölfe. Tragt keinen Geldbeutel bei euch, keine Tasche und keine Schuhe, und grüßt niemanden unterwegs.

Gruppen initiieren
    Wie sieht der zweite Schritt in im Jesus-Plan aus?
        Freundschaften aufbauen ✋
            Eine friedvolle Person finden
            Essen und trinken, was man euch gibt
            Nicht von einem Haus zum anderen gehen
    Wie sieht der dritte Schritt im Jesus-Plan aus?
        Die gute Nachricht mitteilen ✋
            Die Kranken heilen
            Das Evangelium verkünden
    Wie sieht der vierte Schritt im Jesus-Plan aus?
        Die Ergebnisse bewerten und Anpassungen vornehmen ✋
            Die Reaktionen bewerten
            Weiterziehen, wenn es keine Reaktionen gibt

> −Lukas 10, 9−und heilt die Kranken, die dort sind, und sagt ihnen: Das Reich Gottes ist nahe zu euch gekommen.

An welchen vier Orten hat Jesus den gläubigen geboten, Gruppen zu initiieren?

> −APOSTELGESCHICHTE 1, 8−
> ABER IHR WERDET DIE KRAFT DES HEILIGEN GEISTES EMPFANGEN, DER AUF EUCH KOMMEN WIRD, UND WERDET MEINE ZEUGEN SEIN IN JERUSALEM UND IN GANZ JUDÄA UND SAMARIEN UND BIS AN DAS ENDE DER ERDE.

1. **Jerusalem**

„Jesus sagte den Jüngern, dass sie Gruppen in der Stadt gründen sollten, in der sie lebten und unter ihrer eigenen Volksgruppe. Wenn wir seinem Beispiel folgen, werden wir neue Gruppen und Gemeinden in den Städten gründen, in denen wir leben."

- In Spalte drei eures Jesus-Plans tragt ihr den Namen eines Ortes in der Stadt ein, in der ihr lebt, der eine neue Gruppe oder Gemeinde braucht. Notiert eine kurze Beschreibung, wie das geschehen kann.

2. **Judäa**

„Zweitens sagte Jesus den Jüngern, sie sollten neue Gruppen in derselben Region gründen, wo sie lebten. Jerusalem war ein städtisches Umfeld, während Judäa ein ländlicher teil Israels war. Die Menschen in Judäa gehörten zu derselben Volksgruppe

wie die Jünger. Wenn wir Jesu Gebot folgen, werden wir neue Gruppen und Gemeinden in den ländlichen Gebieten starten, wo wir leben."

- In Spalte drei eures Jesus-Plans tragt ihr den Namen eines Ortes in derselben Region, in der ihr lebt ein, der eine neue Gruppe oder Gemeinde braucht. Notiert eine kurze Beschreibung, wie das geschehen kann.

3. **Samarien**

„Drittens sagte Jesus den Jüngern, sie sollten Gruppen initiieren in einer anderen Stadt mit einer anderen Volksgruppe. Das jüdische Volk verachtete die Menschen, die in Samarien lebten. Trotz ihrer Vorurteile berief Jesus die Jünger, die gute Nachricht unter den Samaritern weiterzugeben und dort Gruppen und Gemeinden zu gründen. Wenn wir Jesu Beispiel folgen, gründen wir Gruppen oder Gemeinden in den Städten in unserer Nähe und unter einer fremden Volksgruppe."

- In Spalte drei eures Jesus-Plans tragt ihr den Namen eines Ortes einer anderen Stadt mit einer anderen Volksgruppe ein, die eine neue Gruppe oder Gemeinde braucht. Notiert eine kurze Beschreibung, wie das geschehen kann.

4. **Bis an die Enden der Erde**

„Schließlich beauftragte Jesus seine Jünger, Gruppen auf der ganzen Welt zu Gründen und unter allen unterschiedlichen Volksgruppen der Erde. Dieses Gebot zu befolgen erfordert normalerweise das Erlernen einer neuen Sprache und das

Kennenlernen einer neuen Kultur. Wir befolgen dieses Gebot, wenn wir Missionare aus unserer Gemeinde aussenden, neue Gruppen und Gemeinden an fremden Orten zu gründen."

- In Spalte drei eures Jesus-Plans tragt ihr den Namen eines Ortes einer anderen Region mit einer anderen Volksgruppe ein, die eine neue Gruppe oder Gemeinde braucht. Notiert eine kurze Beschreibung, wie das geschehen kann.

Auf welche vier Arten kann man eine Gruppe oder Gemeinde initiieren?

1. **Petrus**

   –APOSTELGESCHICHTE 10, 9–
   AM NÄCHSTEN TAG, ALS DIESE AUF DEM WEGE WAREN UND IN DIE NÄHE DER STADT KAMEN, STIEG PETRUS AUF DAS DACH, ZU BETEN UM DIE SECHSTE STUNDE.

   „Petrus leitete die Gemeinde in Jerusalem als Pastor. Kornelius bat ihn, nach Joppe zu kommen, um die gute Nachricht von Jesus Christus weiterzugeben. Als Petrus dies im Hause des Kornelius tat, nahmen alle Christus an, kamen zurück in Gottes Familie und eine neue Gruppe nahm ihren Anfang.

   Eine Möglichkeit, eine neue Gruppe oder Gemeinde zu initiieren, besteht darin, dass der Pastor einer bestehenden Gemeinde auf eine Kurzzeitmissionsreise geht und beim Aufbau einer neuen Gruppe oder Gemeinde hilft. Diese Art der Gemeindegründung erfordert normalerweise ein bis drei Wochen."

- Tragt in Spalte vier eures Jesus-Plans den Namen eines Pastors ein, den ihr kennt und der beim Aufbau einer neuen Gruppe oder Gemeinde helfen könnte. Notiert eine kurze Beschreibung, wie dies geschehen könnte.

2. **Paulus**

   –APOSTELGESCHICHTE 13, 2–
   ALS SIE ABER DEM HERRN DIENTEN UND FASTETEN, SPRACH DER HEILIGE GEIST: SONDERT MIR AUS BARNABAS UND SAULUS ZU DEM WERK, ZU DEM ICH SIE BERUFEN HABE.

   Paulus und Barnabas waren Leiter in den Gemeinden von Antiochien. Gott sprach während einer Lobpreiszeit zu ihnen und beauftragte sie, zu unerreichten Gebieten zu gehen und das Evangelium mitzuteilen. Sie gehorchten und bauten Gruppen und Gemeinden im ganzen römischen Reich auf.

   Die zweite Möglichkeit, Gruppen oder Gemeinden zu initiieren, besteht darin, Leiter in andere Städte und Regionen auszusenden, um das Evangelium zu verkünden. Diese Missionare sammeln neue Gläubige um sich und bauen neue Gruppen oder Gemeinden auf. Die Art der Mission erfordert normalerweise ein bis drei Monate."

- Tragt in Spalte vier eures Jesus-Plans den Namen von Gemeindeleitern ein, die ihr kennt und die dabei helfen könnten, eine neue Gruppe oder Gemeinde aufzubauen. Notiert eine kurze Beschreibung, wie dies geschehen könnte.

3. **Priscilla & Aquila**

> –1. KORINTHER 16, 19–
> ES GRÜSSEN EUCH DIE GEMEINDEN IN DER PROVINZ ASIEN. ES GRÜSSEN EUCH VIELMALS IN DEM HERRN AQUILA UND PRISKA SAMT DER GEMEINDE IN IHREM HAUSE.

„Priscilla und Aquila waren Geschäftsleute in der Gemeinde. Sie bauten eine Gruppe oder Gemeinde auf, wo auch immer sie lebten oder arbeiteten. Wenn sie ihr Geschäft verlagerten, bauten sie eine neue Gruppe oder Gemeinde am neuen Standort ihres Geschäftes auf.

Die dritte Möglichkeit, eine neue Gruppe oder Gemeinde zu initiieren, besteht darin, dass christliche Geschäftsleute Gruppen unter ihren Kunden initiieren, welche zu Gemeinden werden. Wenn christliche Geschäftsleute in eine Gegend ziehen, wo es noch keine Gemeinde gibt, bauen sie eine Gruppe auf. Diese Art der Mission erfordert normalerweise ein bis drei Jahre."

- Tragt in Spalte vier eures Jesus-Plans den Namen von Geschäftsleuten ein, die ihr kennt und die helfen könnten, eine neue Gruppe oder Gemeinde aufzubauen. Notiert eine kurze Beschreibung, wie dies geschehen kann.

4. **Die Verfolgten**

> –APOSTELGESCHICHTE 8, 1–
> SAULUS ABER HATTE GEFALLEN AN SEINEM TODE. ES ERHOB SICH ABER AN DIESEM TAG EINE GROSSE VERFOLGUNG ÜBER DIE GEMEINDE IN JERUSALEM; DA

ZERSTREUTEN SICH ALLE IN DIE LÄNDER JUDÄA UND SAMARIEN, AUSSER DEN APOSTELN.

„Der letzte Personenkreis, der Gruppen und Gemeinden im Buch der Apostelgeschichte gründete, waren die verfolgten Gläubigen. Viele Gläubige flohen aus Jerusalem, als Saulus begann, die Gemeinde gewaltsam zu verfolgen. Sie gründeten Gruppen und Gemeinden in ganz Judäa und Samarien. Wir wissen, dass dies wahr ist, weil die Apostel später die Gemeinden besuchten, die bereits in diesen Gegenden gegründet waren.

Die letzte Möglichkeit, neue Gruppen und Gemeinden zu initiieren, besteht darin, dass verfolgte Gläubige in eine neue Stadt weiterziehen. Wenn dort keine Gruppe oder Gemeinde existiert, gründen die neu angekommenen Gläubigen eine. Eine Gruppe oder Gemeinde zu gründen erfordert keinen Abschluss eines Priesterseminars, nur Liebe zu Jesus und ein Herz, dass seinen Geboten gehorchen möchte."

- Tragt in Spalte vier eures Jesus-Plans den Namen von vertriebenen Personen ein, die ihr kennt und die helfen könnten, eine neue Gruppe oder Gemeinde aufzubauen. Notiert eine kurze Beschreibung, wie dies geschehen könnte.

Merkvers

–APOSTELGESCHICHTE 1, 8–
ABER IHR WERDET DIE KRAFT DES HEILIGEN GEISTES EMPFANGEN, DER AUF EUCH KOMMEN WIRD, UND WERDET MEINE ZEUGEN SEIN IN JERUSALEM UND IN GANZ JUDÄA UND SAMARIEN UND BIS AN DAS ENDE DER ERDE.

- Alle sagen im Stehen den Merkvers zehnmal gemeinsam. Die ersten sechsmal kann die Bibel oder Notizen zur Hilfe genommen werden. Die letzten viermal wird der Vers auswendig gesagt. Sagen Sie jedes Mal die Bibelstelle, bevor der Vers selbst aufgesagt wird und setzen Sie sich wieder, wenn Sie fertig sind.
- Diesem Ablauf zu folgen, wird den Ausbildern helfen, zu erkennen, welche Teams die Lektion im „Übungs"-Teil abgeschlossen haben.

ÜBUNG

- Teilen Sie die Leiter in Vierergruppen auf. Bitten Sie sie, den Trainingsprozess in dieser Leiterschaftslektion anzuwenden.
- Führen Sie die Leiter Schritt für Schritt durch den Trainingsprozess und geben Sie ihnen 7-8 Minuten, um jeden der folgenden Abschnitte zu besprechen.

WEITERER VERLAUF

„Nennt die Fortschritte, die ihr beim Aufbau von Gruppen und Gemeinden an den vier unterschiedlichen Orten mit den vier unterschiedlichen Personenkreisen von Gruppeninitiatoren gemacht habt."

PROBLEME

„Nennt die Probleme, die ihr bei der Gründung von Gruppen oder Gemeinden an den vier unterschiedlichen Orten und mit den vier unterschiedlichen Personenkreisen von Gruppeninitiatoren habt."

PLÄNE

„Nennt zwei Aufgaben, die ihr euren Gruppen in den nächsten 30 Tagen stellen werdet, die ihnen helfen, eine neue Gruppe oder Gemeinde zu gründen."

- Alle notieren die Pläne der anderen, um später dafür beten zu können.

ÜBUNG

„Nennt eine Aufgabe, die ihr in den nächsten 30 Tagen ausführen werdet, die euch hilft, euch als Gruppenleiter in diesem Bereich zu verbessern."

- Alle notieren die Übungspunkte ihrer Partner, um später dafür beten zu können.
- Die Leiter stehen auf und sagen den Merkvers zehnmal zusammen auf, nachdem alle ihre Fähigkeiten genannt haben, die sie üben wollen.

GEBET

- nehmt euch Zeit, um gegenseitig für eure Pläne und Fähigkeiten, die ihr in den nächsten 30 Tagen üben wollt, zu beten, um euch als Leiter zu verbessern.

Abschluss

Wie viel kostet es, eine neue Gemeine aufzubauen?

„Was braucht ihr, um eine neue Gemeinde zu gründen? Lasst uns eine Liste erstellen."

- Schreiben Sie eine Liste auf das Flipchart, während die Schüler die Frage beantworten. Lassen Sie Diskussionen und Debatten zu. Wenn jemand z. B. Sagt: „ein Gebäude", fragen Sie den Rest der Schüler, ob ein Gebäude für eine Gemeindegründung notwendig ist.

„Jetzt, wo wir eine Liste von Dingen haben, die wir für eine Gemeindegründung benötigen, lasst uns einen Preis bei jedem einzelnen Punkt notieren."

- Gehen Sie die Liste durch und bitten Sie die Schüler, den Preis jedes Punktes einzuschätzen. Ermutigen Sie die Teilnehmer zur Diskussion und dass sie sich auf einen Preis pro Punkt festlegen. Normalerweise wird die Gruppe zu dem Schluss kommen, dass es gar nichts kostet, eine neue Gemeinde aufzubauen, oder höchstens genügend Geld, um eine Bibel zu kaufen.

„Der Zweck dieser Übung besteht darin, einen häufigen Fehler aufzugreifen, den Menschen begehen, wenn sie eine Gemeindegründung planen. Sie denken, es kostet eine Menge Geld, eine Gemeinde zu gründen. Die meisten Gemeinden fangen jedoch in Privathäusern an und kosten nicht viel Geld. Selbst die heutigen Riesengemeinden begannen oft in einem Privathaus. Glaube, Hoffnung und Liebe sind die einzig notwendigen Zutaten, um eine Gemeinde zu gründen, und nicht ein prall gefülltes Bankkonto."

Mein Jesus-Plan

- Bitten Sie die Leiter, zum Ende ihres Teilnehmerleitfadens zum „Jesus-Plan" zu blättern.

    „In der nächsten Einheit werden wir uns gegenseitig unseren Jesus-Plan vorstellen. Nehmt euch ein paar Minuten Zeit, um euren Jesus-Plan zu vervollständigen und denkt darüber nach, wie ihr ihn der Gruppe präsentieren wollt. Wenn ihr fertig seid, nehmt euch Zeit zum Gebet und bittet um Gottes Segen für die nächste Einheit."

NOCH EINE HÄUFIG GESTELLTE FRAGE

Wie arbeitet man in den Kurseinheiten mit Analphabeten?

Das *Folge-Jesus-Training* verwendet einige Lehrhilfen, die sowohl den Teilnehmern, die lesen können, als auch den Teilnehmern, die nicht lesen können, helfen werden, sich an das zu erinnern, was sie gelernt haben. Unserer Erfahrung nach gefällt es beiden Gruppen gleichermaßen und beide profitieren gleichermaßen vom Kurs. Wir betonen die Handbewegungen mehr, wenn wir Analphabeten unterrichten. In einigen asiatischen Kulturen erhalten die Frauen nach der dritten Klasse keinen Unterricht mehr. Nachdem wir eine solche Gruppe von Frauen unterrichtet hatten, kamen sie mit Tränen in den Augen auf uns zu. „Danke", sagten sie, „die Handbewegungen haben uns geholfen, alles zu lernen und wir können jetzt Jesus nachfolgen."

Selbst in einem analphabetischen Umfeld kann normalerweise immer eine Person der Gruppe vorlesen. Normalerweise bitten wir diese Person, die Bibelstellen laut für die ganze Gruppe vorzulesen. Manchmal bitten wir den Vorleser, die Bibelstelle 2- oder 3-mal vorzutragen, um sicher zu gehen, dass die Gruppe sie versteht. Wenn wir rechtzeitig im Voraus wissen, dass die Gruppe hauptsächlich aus Analphabeten besteht, kümmern wir uns darum, ein Video oder Audioaufnahmen für jede Einheit zu erstellen.

Fernsehen und Radio beeinflussen Analphabeten kaum, selbst in entlegenen Dörfern. Begehen Sie nicht den Fehler, zu glauben, die müssten die Lektion bei Analphabeten immer wieder unterrichten. Wenn die Teilnehmer die Lektion beim ersten Mal nicht verstehen, leiten Sie sie noch ein weiteres Mal an und lassen Sie eine Tonaufnahme oder ein Video dort, damit sie alles wiederholen können, wenn Sie nicht da sind. An den meisten Orten gibt es zumindest einen DVD- oder VCD-Player für die Öffentlichkeit. MP3-Player sind gut verfügbar und können mit Batterien betrieben werden.

Nachdem Sie weg sind, wird Gott weiterhin viele Teilnehmer durch Video- und Tonaufnahmen segnen. Wenn Sie ein Video oder eine Tonaufnahme erstellen, senden Sie bitte eine Kopie davon an *lanfam@followjesustraining.com*.

10

Jesus nachfolgen

Die Leiter haben in *Ausbildung entschiedener Leiter* gelernt, wer die Gemeinde baut und warum dies wichtig ist. Sie beherrschen die fünf Bestandteile von Jesu Strategie zur Erreichung der Welt und haben geübt, sich gegenseitig zu unterrichten. Sie verstehen die sieben Qualitäten eines großen Leiters, haben einen „Ausbildungsbaum" für die Zukunft entwickelt und wissen, wie man mit unterschiedlichen Persönlichkeiten arbeitet. Jeder Leiter hat einen Plan auf der Basis von Jesu Plan aus Lukas 10. „Jesus nachfolgen" greift den einen noch verbleibenden Teil von Leiterschaft auf: Motivation.

Vor zweitausend Jahren folgten die Menschen Jesus aus vielfältigen Gründen nach. Einige, wie Jakobus und Johannes, glaubten, Jesus nachzufolgen würde ihnen Ruhm bringen. Andere, wie die Pharisäer, folgten ihm, um zu kritisieren und ihre Überlegenheit zu zeigen. Wieder andere, wie Judas, folgte Jesus wegen Geld. Eine Menge von fünftausend Menschen wollte Jesus folgen, weil er sie mit Nahrung versorgte. Eine andere Gruppe folgte Jesus, weil sie Heilung brauchten, und nur eine Person kehrte zurück, um sich zu bedanken. Traurigerweise folgten viele

Menschen Jesus aus egoistischen Gründen für das nach, was er ihnen geben konnte. Heute ist es nicht anders. Als Leiter sollten wir uns selbst prüfen und fragen: „Warum folge ich Jesus nach?"

Jesus ehrte die Menschen, die ihm nachfolgten, aus einem liebevollen Herzen. Das edle Geschenk aus Parfüm von einer verachteten Frau brachte das Versprechen, dass er sich an jeden erinnert, wo auch immer er oder sie das Evangelium predigt. Das Scherflein der Witwe berührte Jesu Herz mehr als alles Gold des Tempels. Jesus war enttäuscht, als ein vielversprechender junger Mann sich weigerte, Gott von ganzem Herzen zu lieben und stattdessen seinen Reichtum bevorzugte. Jesus stellte Petrus auch nur eine einzige Frage, um ihn nach seinem Verrat wieder aufzubauen: „Simon, liebst du mich?" Geistliche Leiter lieben die Menschen und sie lieben Gott.

Die Einheit schließt damit ab, dass jeder Leiter seinen „Jesus-Plan" präsentiert. Die Leiter beten gegenseitig füreinander, verpflichten sich, zusammenzuarbeiten und neue Leiter aus Liebe zu Gott und zu seiner Ehre auszubilden.

LOBPREIS

- Singen Sie zwei Lobpreislieder zusammen. Bitten Sie einen Leiter, für diese Einheit zu beten.

WEITERER VERLAUF

Willkommen
Wer baut die Gemeinde auf?
Warum ist das wichtig?
Wie baut Jesus seine Gemeinde auf?
Stark in Gott verwurzelt sein ✋
Das Evangelium mitteilen ✋
Jünger ausbilden ✋

Gruppen und Gemeinden initiieren 🖐
Leiter ausbilden 🖐

–I. Korinther 11, 1–Folgt meinem Beispiel wie ich dem Beispiel Christi!

Ausbilden wie Jesus

Wie hat Jesus Leiter ausgebildet?
Fortschritt 🖐
Probleme 🖐
Pläne 🖐
Übung 🖐
Gebet 🖐

–Lukas 6, 40–Der Jünger steht nicht über dem Meister; wenn er vollkommen ist, so ist er wie sein Meister.

Anleiten wie Jesus

Von wem sagte Jesus, dass er der größte Leiter sei? 🖐
Wie sehen die sieben Qualitäten eines großen Leiters aus?
1. Große Leiter lieben die Menschen 🖐
2. Große Leiter kennen ihre Mission 🖐
3. Große Leiter dienen ihren Nachfolgern 🖐
4. Große Leiter korrigieren freundlich 🖐
5. Große Leiter kennen die aktuellen Probleme in ihrer Gruppe 🖐
6. Große Leiter geben ein gutes Beispiel, dem man folgen kann 🖐
7. Große Leiter wissen, dass sie gesegnet sind 🖐

–Johannes 13, 14-15–Wenn nun ich, euer Herr und Meister, euch die Füße gewaschen habe, so sollt auch ihr euch untereinander die Füße waschen. Ein Beispiel habe ich euch gegeben, damit ihr tut, wie ich euch getan habe.

Stärke gewinnen
   Welchen Persönlichkeitstyp hat Gott Ihnen gegeben?
   Soldat
   Suchender
   Hirte
   Sämann
   Sohn/Tochter
   Heiliger
   Diener
   Verwalter
   Welchen Persönlichkeitstyp mag Gott am liebsten?
   Welcher Persönlichkeitstyp gibt den besten Leiter ab?

   > –Römer 12, 4-5–Denn wie wir an „einem" Leib viele Glieder haben, aber nicht alle Glieder dieselbe Aufgabe haben, so sind wir viele „ein" Leib in Christus, aber untereinander ist einer des andern Glied.

Zusammen stärker
   Warum gibt es acht Arten von Menschen auf der Welt?
   Wie ist Jesus?
   Soldat
   Suchender
   Hirte
   Sämann
   Sohn/Tochter
   Erlöser/Heiliger
   Diener
   Verwalter
   Welche drei Wahlmöglichkeiten haben wir, wenn Konflikte entstehen?
   Weglaufen
   Sich bekämpfen
   Mit Gottes Geist einen Weg finden, Zusammenzuarbeiten

–Galater 2, 20–Ich lebe, doch nun nicht ich, sondern Christus lebt in mir. Denn was ich jetzt lebe im Fleisch, das lebe ich im Glauben an den Sohn Gottes, der mich geliebt hat und sich selbst für mich dahingegeben

Das Evangelium mitteilen

Wie kann ich das einfache Evangelium mitteilen?
- Golden Perle
- Blaue Perle
- Grüne Perle
- Schwarze Perle
- Weiße Perle
- Rote Perle

Warum brauchen wir Jesu Hilfe?
- Niemand ist klug genug, um zu Gott zurückzukehren. ✋
- Niemand kann genug geben, um zu Gott zurückzukehren. ✋
- Niemand ist stark genug, um zu Gott zurückzukehren. ✋
- Niemand ist gut genug, um zu Gott zurückzukehren. ✋

–Johannes 14, 6–Jesus spricht zu ihm: Ich bin der Weg und die Wahrheit und das Leben; niemand kommt zum Vater denn durch mich.

Jünger ausbilden

Wie sieht der erste Schritt in Jesu Plan aus?
- Bereitet eure Herzen vor ✋
  - Macht euch paarweise auf den Weg ✋
  - Geht dort hin, wo Jesus wirkt ✋
  - Betet für Leiter aus der Ernte ✋
  - Geht in Demut ✋
  - Verlasst euch auf Gott und nicht auf Geld ✋
  - Geht direkt dorthin, wohin er euch beruft ✋

–Lukas 10, 2–4–und sprach zu ihnen: Die Ernte ist groß, der Arbeiter aber sind wenige. Darum bittet den Herrn der Ernte, dass er Arbeiter aussende in seine Ernte. Geht hin; siehe, ich sende euch wie Lämmer mitten unter die Wölfe. Tragt keinen Geldbeutel bei euch, keine Tasche und keine Schuhe, und grüßt niemanden unterwegs.

Gruppen initiieren
Wie sieht der zweite Schritt in im Jesus-Plan aus?
Freundschaften aufbauen ✋
Eine friedvolle Person finden
Essen und trinken, was man euch gibt
Nicht von einem Haus zum anderen gehen
Wie sieht der dritte Schritt im Jesus-Plan aus?
Die gute Nachricht mitteilen ✋
Die Kranken heilen
Das Evangelium verkünden
Wie sieht der vierte Schritt im Jesus-Plan aus?
Die Ergebnisse bewerten und Anpassungen vornehmen ✋
Die Reaktionen bewerten
Weiterziehen, wenn es keine Reaktionen gibt

–Lukas 10, 9–und heilt die Kranken, die dort sind, und sagt ihnen: Das Reich Gottes ist nahe zu euch gekommen.

Gemeinden gründen
An welchen vier Orten gebot Jesus den Gläubigen, Gemeinden zu gründen?
Jerusalem
Judäa
Samarien
An den Enden der Erde

Auf welche vier Arten kann man eine Gemeinde gründen?
Petrus
Paulus
Priscilla & Aquila
Die Verfolgten
Wie viel kostet es, eine neue Gemeinde zu gründen?

–apostelgeschichte 1, 8–„aber ihr werdet die kraft des heiligen geistes empfangen, der auf euch kommen wird, und werdet meine zeugen sein in jerusalem und in ganz judäa und samarien und bis an das ende der erde."

PLAN

Warum folgt ihr Jesus?

„Als Jesus vor zweitausend Jahren über diese Erde ging, folgten die Menschen ihm aus unterschiedlichen Gründen.

Menschen wie Jakobus und Johannes dachten, Jesus nachzufolgen, brächte ihnen Ruhm."

–MARKUS 10, 35-37–
DA GINGEN ZU IHM JAKOBUS UND JOHANNES, DIE SÖHNE DES ZEBEDÄUS, UND SPRACHEN: MEISTER, WIR WOLLEN, DASS DU FÜR UNS TUST, UM WAS WIR DICH BITTEN WERDEN. ER SPRACH ZU IHNEN: WAS WOLLT IHR, DASS ICH FÜR EUCH TUE? SIE SPRACHEN ZU IHM: GIB UNS, DASS WIR SITZEN EINER ZU DEINER RECHTEN UND EINER ZU DEINER LINKEN IN DEINER HERRLICHKEIT.

„Menschen wie die Pharisäer folgten Jesus, um zu zeigen, wie schlau sie waren."

–LUKAS 11, 53-54–
UND ALS ER VON DORT HINAUSGING, FINGEN DIE SCHRIFT-GELEHRTEN UND PHARISÄER AN, HEFTIG AUF IHN EINZUD-RINGEN UND IHN MIT VIELEN FRAGEN AUSZUHORCHEN, UND BELAUERTEN IHN, OB SIE ETWAS AUS SEINEM MUND ERJAGEN KÖNNTEN.

„Menschen wie Judas folgten Jesus wegen Geld."

–JOHANNES 12, 4-6–
DA SPRACH EINER SEINER JÜNGER, JUDAS ISKARIOT, DER IHN HERNACH VERRIET: WARUM IST DIESES ÖL NICHT FÜR DREIHUNDERT SILBERGROSCHEN VERKAUFT WORDEN UND DEN ARMEN GEGEBEN? DAS SAGTE ER ABER NICHT, WEIL ER NACH DEN ARMEN FRAGTE, SONDERN ER WAR EIN DIEB, DENN ER HATTE DEN GELDBEUTEL UND NAHM AN SICH, WAS GEGEBEN WAR.

„Menschen wie die Menge der Fünftausend folgten Jesus wegen Nahrung."

–JOHANNES 6, 11-15–
JESUS ABER NAHM DIE BROTE, DANKTE UND GAB SIE DENEN, DIE SICH GELAGERT HATTEN; DESGLEICHEN AUCH VON DEN FISCHEN, SOVIEL SIE WOLLTEN. ALS SIE ABER SATT WAREN, SPRACH ER ZU SEINEN JÜNGERN: SAMMELT DIE ÜBRIGEN BROCKEN, DAMIT NICHTS UMKOMMT. DA SAMMELTEN SIE UND FÜLLTEN VON DEN FÜNF GERSTENBROTEN ZWÖLF KÖRBE MIT BROCKEN, DIE DENEN ÜBRIG BLIEBEN, DIE GESPEIST WORDEN WAREN. ALS NUN DIE MENSCHEN DAS

ZEICHEN SAHEN, DAS JESUS TAT, SPRACHEN SIE: DAS IST WAHRLICH DER PROPHET, DER IN DIE WELT KOMMEN SOLL. ALS JESUS NUN MERKTE, DASS SIE KOMMEN WÜRDEN UND IHN ERGREIFEN, UM IHN ZUM KÖNIG ZU MACHEN, ENTWICH ER WIEDER AUF DEN BERG, ER SELBST ALLEIN.

„Menschen wie die zehn Leprakranken folgten Jesus wegen Heilung."

–LUKAS 17, 12-14–
UND ALS ER IN EIN DORF KAM, BEGEGNETEN IHM ZEHN AUSSÄTZIGE MÄNNER; DIE STANDEN VON FERNE UND ERHOBEN IHRE STIMME UND SPRACHEN: JESUS, LIEBER MEISTER, ERBARME DICH UNSER! UND ALS ER SIE SAH, SPRACH ER ZU IHNEN: GEHT HIN UND ZEIGT EUCH DEN PRIESTERN! UND ES GESCHAH, ALS SIE HINGINGEN, DA WURDEN SIE REIN.

„Wir ihr sehen könnt, folgten viele Menschen Jesus aus einem egoistischen Herzen heraus. Sie kümmerten sich wenig um Jesus und mehr darum, was er ihnen geben konnte. Heute ist es nicht anders.

Als Leiter sollten wir uns selbst prüfen und fragen: ‚Warum folge ich Jesus?'

Folgt ihr Jesus nach, um berühmt zu werden?"

„Folgt ihr ihm nach, damit ihr den Menschen demonstrieren könnt, wir schlau ihr seid?

Folgt ihr Jesus wegen Geld?

Folgt ihr ihm, um eure Familie zu ernähren?

Folgt ihr Jesus in der Hoffnung, dass er euch heilen wird?

Die Menschen folgen Jesus aus vielen Gründen. Gott segnet jedoch nur eine Motivation. Jesus möchte, dass die Menschen ihm aus einem liebevollen Herzen heraus nachfolgen.

Erinnert ihr euch an die ausgestoßene Sünderin, die kostbares Parfüm über Jesu Füße goss?"

–MATTHÄUS 26, 13–
„WAHRLICH, ICH SAGE EUCH: WO DIES EVANGELIUM GEPREDIGT WIRD IN DER GANZEN WELT, DA WIRD MAN AUCH SAGEN ZU IHREM GEDÄCHTNIS, WAS SIE GETAN HAT."

„Erinnert ihr euch an die arme Witwe? Ihr Opfer im Tempel berührte Jesu Herz mehr als alle Reichtümer des Tempels."

–LUKAS 21, 3–
„UND ER SPRACH: WAHRLICH, ICH SAGE EUCH: DIESE ARME WITWE HAT MEHR ALS SIE ALLE EINGELEGT."

„Erinnert ihr euch an die eine Frage, die Jesus Petrus gestellt hat, nachdem er ihn verraten hatte?"

–JOHANNES 21, 17–
SPRICHT ER ZUM DRITTEN MAL ZU IHM: SIMON, SOHN DES JOHANNES, HAST DU MICH LIEB? PETRUS WURDE TRAURIG, WEIL ER ZUM DRITTEN MAL ZU IHM SAGTE: HAST DU MICH LIEB?, UND SPRACH ZU IHM: HERR, DU WEISST ALLE DINGE, DU WEISST, DASS ICH DICH LIEB HABE. SPRICHT JESUS ZU IHM: WEIDE MEINE SCHAFE!"

„Jesus fragte Petrus nach Liebe in seinem Herzen, den das ist es, was für Jesus zählt. Folgen wir ihm, weil wir ihn lieben?

Wir folgen Jesus aus einem liebevollen Herzen, weil er uns zuerst geliebt hat. Wir werden stark verwurzelt in Gott, weil wir Jesus lieben. Wir teilen das Evangelium mit, weil wir Jesus lieben. Wir bilden Jünger aus, weil wir Jesus lieben. Wir initiieren Gruppen, die zu Gemeinden werden, weil wir Jesus lieben. Wir bilden geistliche Leiter aus, weil wir Jesus lieben. Nur Glaube, Hoffnung und Liebe werden bleiben, wenn diese Welt vergeht. Die größte unter ihnen jedoch ist die Liebe."

DIE VORSTELLUNG DES JESUS- PLANS

- Teilen Sie die Teilnehmer in Gruppen mit jeweils etwa acht Mitgliedern auf. Erläutern Sie den Leitern das folgende Programm für die Präsentation.
- Die Leiter bilden einen Kreis und wechseln sich bei der Präsentation ihres „Jesus-Plans" in der Gruppe ab. Nach der Präsentation legen die anderen Leiter ihre Hände auf den „Jesus-Plan" und beten um Gottes Kraft und Segen. Die Leiter beten gleichzeitig laut für den Leiter, der seinen Plan präsentiert hat.
- Einer der Leiter schließt die Gebetszeit ab so wie der Geist ihn leitet. An dieser Stelle halt die Person, die ihren „Jesus-Plan" präsentiert ans Herz und die Gruppe sagt einstimmig dreimal hintereinander: „Nimm dein Kreuz auf dich und folge Jesus nach."
- Wiederholen Sie die oben beschriebenen Schritte bis jeder Leiter seinen „Jesus-Plan" vorgestellt hat.
- Nachdem alle ihren Plan vorgestellt haben, schließen sich die Leiter irgendeiner anderen Gruppe an, die noch nicht fertig ist. Zum Schluss hat sich dann jede Gruppe mit einer anderen verbunden bis nur noch eine große Gruppe übrig bleibt.
- Beenden Sie die Trainingszeit, indem Sie ein Lobpreislied der Hingabe singen, das für die Leiter in der Gruppe eine Bedeutung hat.

Teil 3

UNTERRICHTS-
MATERIAL

Weitere Lektüre

Folgende Autoren halten wir für die hilfreichsten bei der Ausbildung entschiedener Leiter. Das erste Buch, das für die Missionsarbeit übersetzt werden muss, ist die Bibel. Danach empfehlen wir, folgende sieben Bücher als solide Grundlage für eine effektive Leiterschaftsbewegung zu übersetzen:

Blanchard, Ken und Hodges, Phil. *Lead like Jesus: Lessons from the Greatest Role Model of all Time.* <*Führen wie Jesus: Lektionen des größten Rollenvorbildes aller Zeiten*> Thomas Nelson, 2006.

Clinton, J. Robert. *The Making of a Leader.* <*Entstehung eines Leiters*> navpress Publishing Group, 1988.

Coleman, Robert E. *The Masterplan of Evangelism.* <*Masterplan der Evangelisation*> Fleming H. Revell, 1970.

Hettinga, Jan D. *Follow Me: Experiencing the Loving Leadership of Jesus.* <*Folge mir: die liebevolle Führung von Jesus erfahren*> Navpress, 1996.

Maxwell, John C. *Developing the Leader Within You.* <*Entwickle den Leiter in dir*> Thomas Nelson Publishers, 1993.

Ogne, Steven L. Und Nebel, Thomas P. *Empowering Leaders through Coaching.* <*Leiter durch Ausbildung ermächtigen*> Churchsmart Resources, 1995.

Sanders, J. Oswald. *Spiritual Leadership: Principles of Excellence for Every Believer.* <*Geistliche Leitung: Prinzipien Fähigkeit für jeden Gläubigen*> Moody Publishers, 2007.

Anhang A

Häufig gestellte Fragen

Was soll ich machen, wenn ich die Einheit nicht in eineinhalb Stunden abschließen kann?

Denken Sie daran, dass der Prozess und der Inhalt gleichermaßen wichtig sind. Dem Prozess zu folgen, bildet Vertrauen. Ein qualitativ hochwertiger Inhalt führt zu guter Bildung. Sowohl der Prozess als auch ein qualitativ guter Inhalt führen zu Veränderung. Wir haben festgestellt, der häufigste Fehler bei der Ausbildung besteht darin, dass zu viel Inhalt vermittelt und zu wenig Zeit zum Üben gegeben wird.

Die meisten Lektionen des *Folge Jesus Trainings* haben automatisch eine Pause nach der Hälfte der Lektion. Wenn Sie feststellen, dass Sie zu wenig Zeit haben, um die Lektion zu beenden, unterrichten Sie die erste Hälfte der Lektion, indem Sie dem gesamten Trainingsprozess folgen, und beenden Sie den Rest der Lektion beim nächsten Treffen. Abhängig vom Bildungsgrad der Kursteilnehmer können Sie entscheiden, diesen Zeitplan immer anzuwenden.

Unser Ziel besteht darin, erwachsenen Teilnehmern zu helfen, den Leitungsstil von Jesus in jeden Bereich ihres Lebens einzubinden. Das erfordert Zeit und Geduld, aber es ist die Investition wert.

Wie sieht eine Leiterschaftsbewegung aus?

Gott bewegt alle Nationen auf bedeutsame Weise. Derzeit haben Forscher über 80 Völkerbewegungen dokumentiert. Wenn die Verkündigung des Evangeliums das ganze „Getriebe" zu diesen Bewegungen bringt, dann sind die Leiterschaftsbewegungen die „Rädchen". Tatsächlich ist es oft schwer zu sagen, ob es Leiterschafts-, Jüngerschafts- oder Gemeindegründungsbewegungen sind. Wie auch immer man es nennt, sie alle eint ein Merkmal: Männer, Frauen, Jugendliche und Kinder, die in ihrem Einflussbereich wie Christus sind, der größte Leiter aller Zeiten.

Leiterschaftsketten charakterisieren eine Leiterschaftsbewegung. Kleine Gruppen von Männern und Frauen treffen sich zu Verantwortlichkeit, Unterweisung und Lernen. Paulus sprach über diese Arten von Ketten in 2. Timotheus 2, 2. Ein Leiter erhält Unterweisung in einer Gruppe und gibt sie in einer anderen Gruppe weiter. Leiterschaftsketten gehen kontinuierlich bis zur sechsten oder siebten Generation in vollständig entwickelte Bewegungen über. Jede Dienstorganisation oder Personenkreis kann nur so weit gehen wie ihre Leiter sie führen. Daher muss Leiterschaft gründlich strukturiert sein, den Leiter werden nicht einfach so geboren. Leiter müssen lernen, wie man anleitet.

In einer Leiterschaftsbewegung lernen Teenager etwas über die Mittel der Leiterschaft; die Vision, den Zweck, die Mission und die Ziele. Männer und Frauen in ihren Zwanzigern beginnen, diese Mittel in ihren Berufen und in ihrem Privatleben anzuwenden. Dreißigjährige konzentrieren ihre Möglichkeiten auf bestimmte Dienste oder Berufe. Als Menschen in den Vierzigern fangen sie dann an, Ergebnisse aus der beharrlichen Anwendung dieser Leiterschaftsmittel zu erkennen. Menschen in ihren Fünfzigern, die Jesu Leitungsstil für eine lange Zeit gefolgt sind, dienen den jüngeren Generationen als Vorbilder. Heilige in ihren Siebzigern hinterlassen ein Vermächtnis an Glauben und Produktivität, sogar in hohem Alter noch.

Anhang A

Auf welche Weise hat sich die Rolle eines ausländischen Missionars im Laufe der Zeit verändert?

Jede Missionsbemühung hat vier Phasen: Entdeckung, Entwicklung, Einsetzung und Delegierung. Jede Phase hat einzigartige Ziele und Heraus-forderungen. Jede Phase erfordert von den Missionaren auch unterschied-liche Fähigkeiten.

Die *Entdeckungsphase* beinhaltet die Erkennung unerreichter Völker, die Entsendung von Missionspionieren und in der unerreichten Gegend Fuß zu fassen. Die Rolle des Missionars ist es, zu erforschen, zu evangelisieren und mit interessierten Einheimischen Kontakt zu schließen. Das Ergebnis dieser Zeit sind ein paar Gemeinden. Jedoch ähneln die Gemeinden oft mehr denen im Ursprungsland der aussendenden Gruppe als der Kultur des empfangenden Landes. Während der Entdeckungsphase erledigen die Missionare 80% der Arbeit, während die Einheimischen 20% beitragen.

Die wenigen Gemeinden, die in der Entdeckungsphase gegründet wurden, wachsen weiter und gründen andere Gemeinden, die zu einem Gemeindeverbund führen in der *Entwicklungsphase*. In dieser Phase helfen die Missionare den Gemeinden, ein gemeinsames Netzwerk zu bilden, zu evangelisieren und planmäßige Jüngerschaftsbemühungen unter den Gläubigen zu beginnen. Eine kleine christliche Kultur fängt an, sich im Gastgeberland zu verwurzeln. Während der Entwicklungsphase erledigen die Missionare 60% der Arbeit, während die Einheimischen 40% beitragen.

Die Mission geht weiter in die *Einsetzungsphase*, in der einige Vereini-gungen von Gemeinden einen Verbund oder ein Netzwerk bilden. Diese Zeit beginnt normalerweise mit ein paar Hundert Gruppen oder Gemeinden und gewinnt weiter Schwung. Die Rolle des Missionars besteht darin, die kontinuierliche Leiterschaftsbewegung zu sichern, den Einheimischen zu helfen, Problembereich anzugehen und sie bei der Anwen-dung einer Strategie zu unterstützen, ihre gesamte Volksgruppe zu erreichen.

Während der Einsetzungsphase erledigen die Einheimischen 60% der Arbeit, während die Missionare 40% beisteuern.

Die letzte Phase jeder Mission ist die *Delegierung*. In dieser Phase vertrauen die Missionare die Arbeit den einheimischen Gläubigen an. Die Missionare kehren zu Fortbildungen, Gottesdiensten und zur Zusammen-arbeit zwischendurch zurück. Während der Delegierungsphase erledigen die Einheimischen 90% der Arbeit, während die Missionare 10% beitragen. Die Entdeckungsphase beginnt von neuem, aber dieses Mal im Leben und der Arbeit der einheimischen Gläubigen.

Die ausländischen Missionare sollten erkennen, dass sie sich derzeit in den meisten Teilen der Welt in der Delegierungsphase befinden. Die Haup-trolle eines Missionars besteht heutzutage in der Aus- und Fortbildung sowie der Unterstützung von einheimischen Brüdern und Schwestern, welche die Mission ausführen, die Gott ihnen anvertraut hat. Eines der Ziele im Folge Jesus Training ist es, den Missionaren einfache, nachvollziehbare Mittel für die Delegierungsphase an die Hand zu geben.

Was besagt die „5er-Regel"?

Eine Person muss einfach eine Fähigkeit fünfmal üben, bis sie das Selbstvertrauen hat, diese eigenständig auszuüben. Nachdem wir in den letzten neun Jahren beinahe 5.000 Menschen persönlich ausgebildet haben, wurde uns dieses Prinzip immer wieder bestätigt.

Trainingsseminare sind voll von intelligenten und fähigen Erwachsenen, aber oft verändert sich in ihrem Leben nach dem Seminar nur wenig. Eine typische Reaktion auf dieses Problem ist, den Inhalt interessanter zu gestalten, oder eingänglicher oder (Sie können die Lücke selbst füllen). Normalerweise liegt das Problem nicht beim Inhalt, sondern an der Tatsache, dass die Menschen nicht genügend geübt haben, um es einen Bestandteil ihres Lebens werden zu lassen.

Anhang A

Warum verwendet ihr so viele Handbewegungen?

Die Menschen lernen durch das, was sie sehen, was sie hören und was sie tun. Die westlichen Unterrichtsmethoden betonen die erste und zweite Lernart (vor allem im Vortragsstil). Viele Studien belegen, wie wenig die Teilnehmer behalten, wenn nur sprechen und hören zum Einsatz kommen. Der dritte Lernstil – der kinästhetische – ist der am meisten vernachlässigte Ansatz beim Unterrichten. Wir haben festgestellt, dass Handbewegungen der einfachste Weg sind, einer Gruppe beizubringen, sich an eine große Menge von Informationen zu erinnern. Sowohl die Teilnehmer, die lesen können, als auch die Teilnehmer die es nicht können, sind in der Lage, die Geschichten besser wiedergeben zu können, wenn sie mit Handlungen oder Handbewegungen verbunden sind.

Sie sollten wissen, dass wir keine Handbewegungen verwendet haben, als wir mit dem *Folge Jesus Training* anfingen. Wir haben unseren Ansatz jedoch verändert, als wir eines der Trainingsziele angepasst haben; wir wollten, dass die Teilnehmer in der Lage sind, den gesamten Inhalt des Seminars am Schluss für uns zu wiederholen. Das Erinnern ist ein Schlüsselbestandteil der meisten asiatischen Lernmethoden. Jetzt können die Teilnehmer aufgrund der Handbewegungen in der letzten Einheit den Inhalt des gesamten Seminars auswendig wiederholen. Bevor wir sie verwendeten konnten sie das noch nicht. Nach ein paar kurzen Lektionen gefällt den Teilnehmern das aktive Lernen und sie sind erstaunt, dass sie sich am Schluss an das gesamte Seminar erinnern können.

Nachdem wir mit den Handbewegungen anfingen, bemerkten wir steigende Anzahlen an Leitern, die wiederum Leiter ausbilden. Geistliche Ausbildung erfordert mehr als nur den Verstand. Wenn das Herz unverändert bleibt, dann hat keine Umformung stattgefunden. Die Verwendung der Handbewegungen hilft dabei, das, was wir gelernt haben, vom Kopf ins Herz zu bringen. Darum unterrichten wir Kinder mit Handbewegungen, damit wir ihnen helfen, sich an wichtige Wahrheiten für das Leben zu erinnern. Erwachsene, Jugendliche und Kinder können in einem Mehrgenerationenumfeld lernen, wenn wir die Handbewegungen verwenden. Ich persönlich verwende in meinen Gebetszeiten regelmäßig Handbewegungen, um mich darauf zu konzentrieren, in welchem Teil des Gebets ich mich gerade befinde – Lobpreis, Buße, Bitten oder Empfangen.

Warum sind die Lektionen so einfach?

Der Hauptgrund, warum die Lektionen einfach sind, ist, dass wir Jesu Beispiel folgen, auf einfache Weise zu lehren. Er machte das Komplexe simpel. Wir machen das Simple komplex. Jesu Anliegen ist eine Veränderung des Lebens und nicht die Beherrschung der „neuesten Wahrheit". Wenn wir auf einfache Weise unterrichten, können Kinder, Jugendliche und Erwachsene die Lektionen in Gemeinschaft lernen. Sie brauchen kein Ortungsgerät für Tausende von Dollars mit sämtlichen Alarmsirenen, um anzuzeigen, wo „Norden" liegt. Ein günstiger Kompass reicht aus.

Das Buch der Sprüche rät uns, vor allem anderen Weisheit zu suchen. Weisheit ist die Fähigkeit, Wissen geschickt und aufrichtig im Leben anzuwenden. Wir haben festgestellt, je komplexer ein Plan ist, desto wahrscheinlicher wird er versagen. Pastoren und Missionare auf der ganzen Welt haben strategische Missionspläne, deren Entwicklung Wochen oder Monate gedauert haben. Die meisten dieser Pläne liegen irgendwo in einem Regal herum. Einige Menschen argumentieren, dass es im Buch. Die Sprüche raten jedoch, man solle vermeiden ein „Einfaltspinsel" zu sein. Ein weiser Mensch tut die Dinge auf eine Weise, so dass andere sie nachahmen können; ein Einfältiger macht es anders.

Die gute Nachricht ist, dass es nicht auf den Intellekt, die Talente, die Schulbildung, Leistungen oder die Persönlichkeit eines Menschen ankommt, um Jesus nachzufolgen. Jesus nachzufolgen hängt von der Bereitschaft einer Person ab, Jesu Geboten sofort zu gehorchen, die ganze Zeit und aus einem liebevollen Herzen. Komplexer Unterricht führt automatisch zu Teilneh-mern, die nicht in der Lage sind, die Lektionen in ihrem Alltagsleben anzuwenden. Jesus gebietet den Gläubigen, Jünger auszubilden, indem wir sie alle seine Gebote halten lehren. Wir glauben, die Lehrer behindern den Ge-horsam der Menschen, wenn sie komplexe Lektionen unterrichten, die der Teilnehmer einer anderen Person nicht beibringen kann.

Welche Fehler werden häufig gemacht, wenn man andere unterrichtet?

Die Trainer begehen in drei Bereichen Unterrichtsfehler: bei den Menschen, beim Prozess und beim Inhalt. Da wir von vielen Menschen unterrichtet wurden und bereits viele Menschen unterrichtet haben, bieten wir Ihnen diese Beobachtungen an, um Ihnen zu helfen, Ihre Fähigkeiten zu stärken.

Jeder Teilnehmer kommt zu einer Unterrichtseinheit mit vorherigen Erfahrungen, Wissen und Fähigkeiten. Trainer, die das zu Beginn einer Einheit nicht beachten, riskieren, Teilnehmer auszubilden, etwas zu tun, was sie bereits können. Eine einfache Frage wie z. B. „Was wisst ihr bereits über dieses Thema?" Hilft den Ausbildern, den richtigen Unterrichtslevel herauszufinden. Wir haben jedoch Trainer gesehen, die davon ausgehen, dass die Teilnehmer mehr wissen als sie eigentlich wissen. Unerwiesene Annah-men fallen immer wieder negativ auf einen zurück. Kommunikation löst dieses Problem. Die Menschen haben unterschiedliche Lernstile und es ist ein Fehler, Ihr Training nur auf einem oder zwei Stilen aufzubauen. Das zu tun garantiert Ihnen, dass einige Teilnehmer nicht so profitieren werden wie sie es könnten, wenn die Lektionen besser geplant wären. Die Menschen haben auch gemäß ihrer Persönlichkeit unterschiedliche Bedürfnisse. Eine Art der Ausbildung, die nur Extrovertierte anzieht, schließt Introvertierte aus. Sich auf Menschen zu konzentrieren, bei denen das „Denken" im Mittelpunkt steht, ist nicht so effektiv wie Lektionen, die sich auch an das „Fühlen" richten.

Der Trainingsprozess ist ein weiterer Bereich, indem die Ausbilder Fehler machen. Training, das keinen Raum für Diskussionen zulässt und nur auf das Sprechen aufbaut, ist kein Training, sondern eine Präsentation. Training ist eine Reise, welche den gesamten Menschen mit hineinnimmt in die Beherrschung einer Fähigkeit, Charakterqualität oder Wissen. Wir haben festgestellt, dass Trainer sich so auf den Inhalt konzentrieren, dass sie den Teilnehmern keine Gelegenheit geben, das zu besprechen, was sie gelernt haben. Die wertvollsten Lernzeiten für Erwachsene sind, wenn sie die Lek-tion besprechen und deren Anwendung in ihrem Leben. Ein weiterer häu-figer Fehler ist, während der gesamten Ausbildungszeit immer nur dieselbe Lerntechnik zu verwenden. Jegliche Lerntechnik verliert an Effektivität, wenn sie zu häufig verwendet wird. Daher versuchen wir die Lektion wäh-rend eines Drittels der Zeit zu unterrichten. Dann bitten wir die Teilnehmer, die Lektion ein Drittel der Zeit lang zu üben. Abschließend führen wir eine Diskussion über die Anwendung der Lektion im letzten Drittel der Zeit. Bei einer 90-minütigen Einheit hören uns die Teilnehmer oft 20 Minuten lang zu, während wir sprechen.

Oft dauern Trainingseinheiten zu lange, weil der Trainer zu viel Inhalt vermittelt – der letzte Bereich, in dem die Trainer Fehler begehen. Guter Unterrichtsinhalt richtet sich an Wissen, Charakter, Fähigkeiten und Mo-tivation. Wenn der Trainer aus einem westlichen Hintergrund kommt, wird er sich höchstwahrscheinlich auf den Wissensteil konzentrieren in der An-nahme, dass „Wissen" den Rest hervorbringt. Sie sprechen vielleicht noch Charakter und Motivation an, aber sie üben selten die Fähigkeiten. Häufig bringen die Trainer den anderen bei, dieselbe Methode anzuwenden, die sie ihnen gezeigt haben. Ein Bruch mit der Vergangenheit kann jedoch nötig sein, damit im Leben der Teilnehmer echte Veränderung stattfinden kann. Eine ausgezeichnete Ausbildung strebt nicht nur danach, reine Information zu vermitteln. Das Ziel ist Veränderung. Wir haben Trainer gesehen, die ihr Unterrichtsmaterial nicht an neue Umgebungen oder Kulturen anpassen; sie erwarten, dass Reisbauern auf dem Land mit dem Inhalt so fertig werden wie junge Berufstätige in der Stadt. Mangelndes Gebet ist die häufigste Ursache für diesen Fehler.

Der größte Fehler, den die Trainer unserer Meinung nach begehen, besteht darin, den Teilnehmern nicht die Zeit zu geben, die sie brauchen, um das zu üben, was sie gelernt haben. Die Ausbilder stehen in der Versuchung, das Training als einmaliges Event zu sehen und nicht als fortdauernde Reise. Ein sicheres Anzeichen für die „Eventperspektive" ist die Einstellung „Wir haben sie hier. Lasst uns so viel Lernstoff in sie hineinstopfen wie wir nur können." Sich stattdessen darauf zu konzentrieren, den Teilnehmern einen biblischen Prozess zu zeigen, mit dem sie andere ausbilden können, erfordert einen Paradigmenwechsel. Die Trainer beschäftigt mehr der Mensch, den der Teilnehmer ausbilden wird anstatt nur der Teilnehmer allein. Wenn Sie feststellen, dass sie mehr Zeit für den Inhalt als für das Üben verwenden, könnten Sie schuldig sein, den Menschen mehr zu geben, als sie auf vernünftige Art befolgen oder anderen weitergeben können. Sie bereiten sie eher auf das Versagen vor als auf Erfolg.

Was schlagt ihr vor, wenn es keine Leiter gibt, die man ausbilden könnte?

Wachsende Leiter ziehen wachsende Leiter an. Wenn sie sich der Nachfolge Jesu hingeben und seinem Leitungsstil, wird Gott das segnen und andere schicken, die mit Ihnen gehen. Wir müssen jedoch den ersten Glaubensschritt gehen. Jesus lebt in jedem Gläubigen und möchte, dass sein Reich kommt und sein Wille geschieht. Herrschaft und Leiterschaft arbeiten zusammen.

Denken Sie daran, wir haben nichts, weil wir um nichts bitten. Beten sie um Augen, welche die Leiter sehen können, die Gott heranbildet. Beten Sie für ein Herz der Annahme und der Ermutigung. Beten Sie für Jesu Perspektive von Leiterschaft. Fischer werden zu guten Aposteln.

Konzentrieren Sie sich auf Menschen, die Gott Ihnen schon an die Seite gestellt hat, nicht auf die Menschen, die sie noch nicht an Ihrer Seite haben. Fangen Sie an, Menschen, die Ihnen folgen, zu stärkeren Leitern auszu-bilden. Jeder Mensch leitet jemanden an. Väter leiten ihre Familie. Mütter leiten ihre Kinder. Lehrer leiten ihre Schüler. Geschäftsleute leiten ihre Unternehmen. Die Leiterschaftsrichtlinien im *Folge Jesus Training* können in jedem dieser Umfelder angewendet werden. Die Menschen stehen auf, um unsere Erwartungen zu erfüllen. Behandeln Sie jeden Menschen so, als ob er bereits ein Leiter wäre und beobachten Sie, was Gott in seinem oder ihrem Leben tut.

Ziehen Sie in Betracht, ein Leiterschafts-Trainingsevent abzuhalten. Machen Sie das Meeting bekannt durch bereits bestehende Leiter-schaftskurse – den Lions Club, die Handelskammer, den Stadtrat oder Bür-germeister. Verwenden Sie die Unterrichtsmaterialien, um Geschäftsführer mit den Leiterschaftsrichtlinien des größten Leiters aller Zeiten auszurüsten. Ein Event zu organisieren, wird Ihnen nicht nur Glaubwürdigkeit in der Gemeinschaft geben, sondern auch Sie selbst als Leiter weiterentwickeln. Wenn es in Ihrer Volksgruppe keinen Nachfolger von Jesus gibt, bilden Sie Leiter in einer „Cousinen"-Volksgruppe aus und geben Sie eine Vision zur Erreichung der Unterrichten.

Wie sehen die ersten Schritte für Leiter aus, die damit beginnen, neue Leiter auszubilden?

Jesus verbrachte einen kompletten Abend im Gebet bevor er Leiter auswählte, daher ist Gebet der beste Ausgangspunkt. Beten

Sie für Leiter, die aus der Ernte hervorgehen um Leiter für die Ernte zu werden. Wenn Sie beten, denken Sie daran, dass Gott auf das Herz sieht und ein Mensch nur auf die äußere Erscheinung. Halten Sie Ausschau nach Treue und Charakter bei potentiellen Leitern. Allzu oft konzentrieren wir uns auf Talent und den ersten Eindruck. Verbringen Sie Zeit im Gebet und bitten Sie Gott, leidenschaftliche, geistliche Leiter hervorzubringen.

Nachdem Sie gebetet haben, fangen Sie konsequent an, eine Vision von Leitern, die Jesu Beispiel als Leiter nachfolgen, weiterzugeben. Beten Sie mit ihrer Familie und Freunden, bitten Sie Gott, Ihnen zu helfen, gemeinsam bessere Leiter zu werden. Bitten Sie um Menschen, die Gott Ihnen über den Weg führt, wenn sie lernen wollen, wie man zu einem stärkeren Leiter wird. Geben Sie konsequent die Vision von Freunden weiter, die sich gegenseitig helfen, zu Leitern zu werden, die produktiver sind. Während Sie die Vision zur Ausbildung von Leitern weitergeben, achten Sie auf Menschen, die an dem, was Sie sagen, interessiert sind und wie elektrisiert wirken.

Der nächste Schritt besteht darin, Gott zu bitten, Ihnen die Leiter zu zeigen, die er hervorbringt. Versuchen Sie nicht, diese selbst auszuwählen. Lassen Sie diese „sich selbst auswählen" durch ihre Bereitschaft, die nötigen Aufgaben eines Leiters zu erledigen. Wir „ernennen" keine Leiter, sondern „salben" Leiter, die sich bereits selbst als treu erwiesen haben. Allzu oft „bleiben" genau die Leute, die wir selbst ausgewählt hätten auf unserer Liste für potentielle Leiter zurück, die wir als Gottes „erste" Wahl notiert hatten. Halten Sie nach Menschen Ausschau, die sich mit dem Status Quo nicht zufrieden geben. Konzentrieren Sie sich auf Menschen, die bereit sind, zum Lernen und zur Nachfolge. Seien Sie nicht enttäuscht, wenn die Leiterschaft in der obersten Riege einer Organisation kaum Interesse zeigt.

Zu guter Letzt unternehmen Sie Schritte zur Erfüllung Ihres eigenen Jesus-Plans. Nichts zieht gegenwärtige und potentielle Leiter so sehr an wie Taten. Die Menschen sind gerne Bestandteil eines erfolgreichen Teams. Wenn Gott Ihren Jesus-Plan segnet, schickt er Ihnen auch Menschen, um Ihnen zu helfen. Sehr oft schickt Gott Verwandte, Freunde und erfolgreiche Geschäftsleute. Leiter haben Nachfolger. Wenn Sie Jesus nachfolgen, gibt es anderen eine klare Richtung, der sie auch folgen können. Jemand muss die Reise unter Ihrer Volksgruppe starten. Fangen Sie damit an!

Wie sehen die unterschiedlichen Rahmenbedingungen aus, in denen Trainer die Ausbildung entschiedener Leiter durchgeführt haben?

Wenn Ihnen nur ein einziger Tag zur Verfügung steht, empfehlen wir, die Lektionen „Wie bildete Jesus Leiter aus", „Sieben Qualitäten großer Leiter" und „Die acht Rollenbilder von Christus" durchzuführen. Dadurch werden die Leiter mit den nötigen Fähigkeiten, Charakter und Leidenschaft aus-gerüstet, um andere Leiter auszubilden. Wenn sie darum bitten, dass Sie noch einmal zurückkehren, unterrichten Sie die restlichen Lektionen, um ihr Leiterschaftswissen und ihre Kompetenz zu ergänzen und ihnen einen guten strategischen Plan mitzugeben, dem sie folgen können. Dieser Ansatz funktioniert am besten in einem Umfeld, wo die Menschen sehr beschäftigt sind und wenig Zeit haben, die Kurseinheiten zu besuchen.

Wenn Sie sich nur wöchentlich oder alle zwei Wochen treffen können, empfehlen wir, das Seminar Lektion für Lektion zu unterrichten. Die Fähigkeiten bauen aufeinander auf und die Leiter werden nach 10 oder 20 Wochen eine solide Grundlage gewonnen haben. Ermutigen Sie die Leiter, zwischen den Kurstreffen neue Leiter mit dem Stoff, den Sie unterrichtet haben, auszubilden. Dieser Ansatz funktioniert am besten, wenn die Leute zwar beschäftigt sind, aber trotzdem jede Woche eine bestimmte Zeit zum Lernen haben. Bitten Sie die Leiter, außerhalb des Kurses jede Lektion weiter zu lehren, die andere

Anhang A

versäumt haben aufgrund von Krankheit oder un-vorhersehbarer Umstände.

Wenn Ihnen drei Tage zur Verfügung stehen, empfehlen wir, der Reihen-folge in diesem Handbuch zu folgen. Lassen Sie jede Menge Diskussion zu und verwenden Sie die Pausen für Einzelgespräche mit den Leitern. Am Ende jeder Einheit bitten Sie die Leiter, folgende Frage zu beantworten: „Was sagt Gott euch über diese Lektion?" Lassen Sie sie ihre Antworten mit der Gruppe erarbeiten. Erwachsene lernen am besten, wenn sie diskutieren und sich gemeinsam über die Themen auseinandersetzen können. Sie wer-den auch Erkenntnisse über Bedürfnisse der Gruppe bekommen. Dieser Ansatz funktioniert am besten in Theologieseminaren oder Bibelschulen mit Teilnehmern im vollzeitlichen Dienst sowie in ländlichen Gegenden und Dörfern, wo die Menschen gemäß den jahreszeitlichen Erntezyklen arbeiten.

Anhang B

CHECKLISTEN

Ein Monat vor dem Training

- *Stellen Sie ein Gebetsteam zusammen* – Stellen Sie ein Gebetsteam aus zwölf Personen zusammen, die für den Kurs eintreten, sowohl vor als auch während der Kurswoche. Das ist SEHR wichtig!
- *Wählen Sie einen Assistenten aus* – Wählen Sie einen Assistenten aus, der mit Ihnen zusammen als Team unterrichtet, und zwar jemanden, der erst kürzlich an der *Ausbildung entschiedener Leiter* teilgenommen hat.
- *Laden Sie Teilnehmer ein* – Laden Sie Teilnehmer auf eine Weise ein, die für deren Kultur feinfühlig ist. Verschicken Sie Briefe, Einladungskarten oder tätigen Sie Anrufe. Die beste Gruppengröße für die *Ausbildung entschiedener Leiter* liegt bei 16 – 24 Leitern pro Kurs. Mit der Hilfe von mehreren Assistenten können Sie bis zu 50 Leiter ausbilden. Die Einheiten der *Ausbildung entschiedener Leiter* können auch sehr effektiv in einem wöchentlichen Treffen mit drei oder vier Leitern durchgeführt werden.
- *Stellen Sie den logistischen Rahmen sicher* – Sorgen Sie für Unterkunft, Mahlzeiten und Transport der Leiter, je nach Bedarf.

- *Sorgen Sie für einen Versammlungsort* – Sorgen Sie für einen Raum mit zwei Tischen für das Unterrichtsmaterial im hinteren Teil des Raumes, Stühlen in einem Kreis für die die Teilnehmer und jeder Menge Platz für die Lernübungen während der Einheiten. Falls es besser passt, sorgen Sie für eine Matte auf dem Boden anstatt der Stühle. Planen Sie zwei Pausen pro Tag mit Kaffee, Tee und einem kleinen Imbiss ein.
- *Stellen Sie das Unterrichtsmaterial zusammen* – Stellen Sie Bibeln, ein Flipchart/Tafel oder große Papierbögen, Unterlagen für Schüler und Leiter, Buntstifte oder Wachsmalkreiden, Notizblöcke (wie sie in den Schulen verwendet werden), Kugelschreiber oder Bleistifte, einen Chinelone-Ball und Preise zusammen.
- *Gestalten Sie Lobpreiszeiten–* Verwenden Sie Liedblätter oder Gesangbücher für jeden Teilnehmer. Suchen Sie eine Person in der Gruppe heraus, die Gitarre spielt und bitten Sie sie, Ihnen bei der Leitung der Lobpreiszeiten zu helfen.

Nach dem Training

- *Bewerten Sie jeden Teil des Kurses mit ihrem Assistenten* – Nehmen Sie sich Zeit, den Kurs mit Ihrem Assistenten zu begutachten und zu bewerten. Erstellen Sie eine Liste mit positiven und negativen Punkten. Erstellen Sie Pläne, wie Sie den Kurs für das nächste Mal verbessern können.
- *Nehmen Sie Kontakt mit potentiellen Assistenten auf, die bei weiteren Kursen in Zukunft helfen können* – Kontaktieren Sie zwei oder drei Leiter, die bereits während des Kurses Leiterschaftspotential gezeigt haben und fragen Sie, ob sie Ihnen in Zukunft bei der *Ausbildung entschiedener Leiter* helfen würden.

o *Ermutigen Sie die Kursteilnehmer, zur nächsten Kurseinheit einen Freund mitzubringen* – Ermutigen Sie die Kursteilnehmer, zum nächsten Kurstreffen mit einem Freund aus ihrem Dienst zu kommen. Das wird die Anzahl der Leiter, die wiederum andere Leiter ausbilden, beschleunigen.

Anhang C

ANMERKUNGEN FÜR ÜBERSETZER

Der Autor gibt seine Einwilligung, dieses Unterrichtsmaterial in andere Sprachen zu übersetzen, so wie Gott es leitet. Bitte halten Sie sich bei der Übersetzung des *Folge Jesus Trainings* (FJT) an die folgenden Richtlinien:

- Bevor Sie mit der Übersetzung beginnen, schlagen wir vor, dass ein paar Male andere mit dem FJT Unterrichtsmaterial ausbilden. Die Übersetzung sollte die Bedeutung betonen und nicht nur eine wortwörtliche Übersetzung darstellen. Wenn z. B. „im Geist wandeln" in Ihrer Bibelübersetzung mit „im Geist leben" übersetzt wird, verwenden Sie die Formulierung „im Geist leben" im FJT Unterrichtsmaterial. Verändern Sie die Handbewegungen je nach Bedarf.
- Die Übersetzung sollte soweit wie möglich in der Umgangssprache und keiner „religiösen Sprache" Ihrer Volksgruppe gehalten sein.
- Bei der Angabe von Bibelstellen verwenden Sie die Bibelausgabe, welche die meisten Menschen in Ihrer Gruppe verstehen werden. Wenn es nur eine Übersetzung gibt, und diese schwer verständlich ist, formulieren Sie die genannten Schriftstellen moderner, um sie verständlicher zu machen.

- Verwenden Sie für jedes der acht Bilder von Christus einen Begriff mit positiver Bedeutung. Häufig muss das Ausbilderteam mit den „richtigen" Begriffen ein paar Male experimentieren, bevor der korrekte gefunden wird.
- Übersetzen Sie „Heiliger" (saint) dem Begriff, der in Ihrer Kultur einen heiligen Menschen beschreibt. Wenn das Wort in Ihrer Sprache, mit dem Jesu Heiligkeit beschrieben wird, dasselbe ist wie für „Heiliger" (saint), ist es nicht nötig, den Begriff „Heiliger" (Holy One) im Unterrichtsmaterial zu verwenden, da „Heiliger" (saint) Jesus nicht vollkommen beschreibt.
- Das Wort „Diener" lässt sich oft nur schwer in einem positiven Sinn übersetzen, aber es ist wichtig, dass sie es tun. Wählen Sie mit Bedacht einen Begriff aus, der eine Person beschreibt, die fleißig arbeitet, ein demütiges Herz besitzt und gerne anderen hilft. In den meisten Kulturen gibt es den Begriff eines „dienenden Herzens".
- Wir haben einige der Lernschauspiele aus George Pattersons „Train and Multiply" (Ausbilden und vervielfachen) auf Südostasien angepasst. Seien Sie so frei und passen Sie diese auf Ihre Kultur an, indem Sie Dinge und Ideen verwenden, die Ihrer Volksgruppe vertraut sind.
- Wir würden gerne etwas über Ihre Arbeit erfahren und helfen, wo wir können.
- Kontaktieren Sie uns unter *lanfam@followjesustraining.com* zur Zusammenarbeit und Sie werden sehen, wie immer mehr Menschen Jesus folgen!

Anhang D

MEHR UNTERRICHTSMATERIALIEN

Sie haben unter *www.followjesustraining.com* Online-Zugang zu mehreren Materialien, die Ihnen helfen werden, andere auszubilden, Jesus nachzu-folgen.

Die Materialien beinhalten:

1. *Artikel und Erkenntnisse des Autors über das Training.*
2. *Videos aller Handbewegungen in der Ausbildung entschiedener Leiter.*
3. *Übersetzungen von Ausbildung entschiedener Leiter. Die Qualität der Übersetzungen ist unterschiedlich, prüfen Sie diese daher zusammen mit einem einheimischen Gläubigen, bevor Sie sie verwenden.*

Kontaktieren Sie uns unter *lanfam@followjesustraining.com*, um weitere Informationen über aktuelle Projekte und Kursveranstaltungen zu erhalten.

www.ingramcontent.com/pod-product-compliance
Lightning Source LLC
Chambersburg PA
CBHW071456040426
42444CB00008B/1371